Abraham Krochmal

Theologie der Zukunft; ein kritisch-philosophischer Traktat zur Rechtfertigung des religiösen Bewusstseins

Abraham Krochmal

Theologie der Zukunft; ein kritisch-philosophischer Traktat zur Rechtfertigung des religiösen Bewusstseins

ISBN/EAN: 9783743308268

Hergestellt in Europa, USA, Kanada, Australien, Japan

Cover: Foto ©Thomas Meinert / pixelio.de

Manufactured and distributed by brebook publishing software
(www.brebook.com)

Abraham Krochmal

Theologie der Zukunft; ein kritisch-philosophischer Traktat zur Rechtfertigung des religiösen Bewusstseins

Theologie der Zukunft

ein

kritisch- philosophischer Traktat

zur Rechtfertigung des religiösen Bewusstseins.

von

Abraham Krochmal.

LEMBERG.

Druck von M. F. Poremba.

1872.

Da verlob' ich dich mir auf ewig—
zum ewigen Fortschritt —; da verlob'
ich dich mir in Recht und Gerechtig-
keit, in Lieb und Erbarmen—imRechts-
staate —; da verlob' ich dich mir im
Glauben, und du erkennst den Ewigen
in Religion und Wissenschaft.

Hosea 2, 21—22.

Verehrteste Freunde!

Im Alterthume, als noch das lebendige Wort im Ideenaustausch der Menschen vorwaltete, so sie mit einander verkehrten, zu jenen Zeiten, in denen das, was man lebendig fand, nicht bei Todten gesucht ward, hat es als ausgemachter Erfahrungsgrundsatz gegolten: „Der Schüchterne lernt nicht, und der Zornmüthige kann nicht lehren." לא הביישן למד ולא הקפדן מלמד Lässt sich diese Inductionssentenz noch heute aufrecht erhalten? Wahrlich, kaum! Heutzutage, wo Jedermann sein Wissen in die Oeffentlichkeit strömen lassen kann, und wer nur unterrichtet sein will, Bibliotheken von Wissen und Wust ins Haus bekommen kann, wo er dieses Gemengsel trübe oder klar, nach Beschaffenheit der eigenen Hirnfiltre sich ins Bewusstsein filtrirt; bei diesen Umständen ist es wahrlich kaum einleuchtend, wie die Schüchternheit beim Lernen hinderlich sein kann? Und ebenso und nicht weniger unmassgebend ist nun auch die zweite Erfahrungslehre. Ist das Papier ja so geduldig, und oft nur allzu sehr geduldig. Und tritt die heutige Tagespresse vielleicht allzu zaghaft und schonend auf, wenn sie die Geissel ihres Zornes über Thorheit und Laster schwingt, dass noch behauptet werden könnte, der Zornmüthige lehrt nicht? Indessen ist es die Oeconomie, welche darauf leitet, zuweilen veraltete Kleidungsstücke zu fernerem Gebrauche nach der Kehrseite umzuwenden, und sie ertheilt auch uns den Rath, den gedachten Erfahrungssatz ebenfalls nur umzukehren, dass derselbe auch gegenwärtig, als wahr sich herausstelle. Und so ergibt es sich auch, dass der auffahrende Charakter es ist, der nichts lernt, da er sämmtliche Bücher, welche seiner Richtung nicht huldigen, oder nur von Schriftstellern herrühren, die zu seiner Gesinnungsgenossenschaft nicht gehören, gleich wegwirft, ohne Notiz von denselben zu nehmen; hingegen ist es dermalen der Schüchterne, der nicht lehrt, da ein zu verzeihliches Schamgefühl ihn abhält, auch mit seinem Pfunde das unermessliche Meer des Schriftthumes zu bereichern. In Anbetracht dieser Wahrheit werden nur Sie, meine verehrtesten Freunde, da Sie mich näher kennen, es wissen, wie viel Uiberwindung, und Selbstverläugnung es mich gekostet hat, um mich in meinem vorgerückten Lebensalter zu entschliessen, einen weitern Lesekreis in einer Sprache mir zu eröffnen, in der ich keine zwei Zeilen für die Oeffentlichkeit je geschrieben habe. Ich glaube daher, indem ich bei der Herausgabe dieser Schrift vor Allem Herr meiner Schüchternheit werden musste, dass volle Recht erlangt zu haben, von meinen geehrten Lesern hoffen zu dürfen, dass sie ihrerseits ebenfalls ihre Ungeduld bemeistern und gegenwärtige Schrift nicht ohne genaue Prüfung aus der Hand legen werden. Wohl bin ich mir meiner Schwäche hinsichtlich der Form und der Einkleidung meiner Gedanken bewusst, und gewärtige in dieser Hinsicht manche berechtigte Rüge, die ich bereit bin mannhaft zu tragen, wie ich auch bezüglich des Inhaltes jede überzeugende Widerlegung gebührend anerkennen werde; sollte es aber der Kritik belieben, mein Werk todschweigen zu wollen, so werde ich als Talmudist den talmudischen Grundsatz für mich in Anspruch nehmen: „Schweigen heisst eingestehen", שתיקה כהודאה דמיא und werde in dem reinen Bewusstsein, Wahrheit zu fördern angestrebt zu haben, Lohn und Trost finden, und in diesem Bewusstsein auch, habe ich es gewagt, Ihre werthen Namen, meine Hochverehrten, dieser Schrift voranzusetzen; wollen Sie auch diess als Beweis meiner wahren Hochachtung und Freundschaft hinnehmen.

Lemberg den 15. Mai 1872.

Der Verfasser.

Erster Abschnitt.

Lehre aus der Geschichte חקר אבות

§. 1.

Prinzipien der Socialität, wie sie von Hillel aufgefasst wurden.

Ungefähr 170 Jahre vor der zweiten Tempelzerstörung verbreiteten die Essäer, auf das Prinzip der Bibel „Liebe deinen Nächsten wie dich selbst" sich berufend, communistische Ideen im Volke. Sie behaupteten nämlich, dass gemäss diesem erwähnten Prinzipe alle Volksklassen gleichgestellt und auf einen und denselben Fuss gesetzt werden müssten; und gingen an den Bibelwortlaut sich klammernd, selbst so weit, die Schuldner zu bereden, sich wider ihre Gläubiger aufzulehnen, da ihrer Meinung nach, die Bibel durch die Institution der Erlassjahre die Schuldner zu diesem Vorgehen berechtige*). Da trat der sonst so bescheidene Hillel mit aller Energie auf, die Gesellschaft zu retten. Bekanntlich griff er als Staatsmann praktisch ein, und setzte im Senate die Vorsichtsmassregel, Prusbul benamst, durch, nach welcher die Gläubiger ihre Dokumente dem Landesgerichte übergaben, damit dasselbe die Schulden eintreibe, weil die Schulden, welche dem Grichte übergeben sind, als vor dem Erlassjahre

---

*) Eine Institution, welche beiläufig bemerkt, vieleicht immer zu den Pia desideria nur gehörte, und besonders dazumal, als Israel nicht Souverain seines Landes war, und Palästina zuerst eine Provinz des persischen und dann eine des griechischen und römischen Reiches gebildet hatte, war man sogar nach dem Buchstaben dieser biblischen Verordnung selbst nicht mehr gehalten, die Erlassjahre in Wirksamkeit treten zu lassen, da die Bibel selber besagte Vorschrift mit der ausdrücklichen Klausel versah בארץ אשר ד' אלהיה נותן לך נחלה לרשתה Im Lande, das der Ewige dir als Erbstück verleiht; wodurch allein es klar wird, dass der Statthalter Nehemia (Neh. 5), bei seiner Anordnung des Schuldenerlasses es durchaus vermied, zu Gunsten desselben die Pentateuch-Vorschrift geltend zu machen.

1

bereits eingehoben anzusehen wären. Wohleinsehend aber, dass die
Prusbul-Massregel allein nur ein einstweiliges Paliativ-Mittel sei,
bleibt Hillel dabei nicht stehen, sondern er suchte auch die
Prinzipien der Sociation überhaupt auf, um auf diesem Wege die
communistischen Bestrebungen als blosse Träumereien zu erweisen.
Der erste Gnommen Hillels wirft demnach folgende oeconomische
Antinomie auf, um aus der Lösung derselben zu resultiren, wie
man die Socialität aufzufassen habe. These: אם אין אני לי מי לי
So ich nicht einstehe für mich, mein Interesse mir selbst zu wahren, wer sonst dürfte Interesse für mich nehmen? Indem die
Vernunft die gedachte These allgemein ausspricht, behauptet sie als
Beweggrund aller oeconomischen Thätigkeit das Interet personnel
und räth: Jeder hat für sein Interesse selbst zu sorgen, indem
niemand ausser ihm dessen Interesse beachten wird. Antithese:
וכשאני לעצמי מה אני? So ich isolirt dastehe, was bedeute ich?
Isolirt leiste ich mir nicht Genüge, ich muss also in Gesellschaft
treten und Sorge tragen, dass die Anderen für mich ja Interesse
nehmen und zwar muss ich es n u n schon thun, denn das Bedürfniss drängt und wenn nicht nun, wann denn? ואם לא עכשיו אימתי
Etwa als ich dem Drange schon unterlegen bin? Auf welche
Weise aber soll ich dafür sorgen, dass die Anderen mein Interesse ins Auge fassen mögen, da durch Zwang ich nicht mehr
wie ehedem dieselben dazu verhalten kann? Wohl auf keine andere Weise, als dass auch ich meinerseits das Interesse der Anderen fördere. Die Vernunft behauptet somit, wenn auch ich selbst
für mein Interesse nicht einstehen könnte, wird es doch bei Anderen Beachtung finden, indem auch ich dass Interesse der Anderen
beachte, was aber der Thesis völlig zuwiderläuft. Sagt doch die
Thesis absolut aus: Jedes Individuum habe sein Interesse
selbst zu wahren; sie setzt also voraus, das Einer des Anderen
Interesse allenfalls nicht wahren wird, selbst gegenseitig, denn
sonst müsste die These lauten. אם אין אני לאולתי אין זולתי לי Wenn ich
nicht für den Anderen bin wird auch der Andere für mich nicht
sein. Mit anderen Worten, es müsste sonst die Vernunft geradehin
anrathen, dass Einer des Anderen Interesse beachte; aber sie verweist
zuvor den Menschen auf sich selbst, indem sie ihm sagt, dass Andere sein Interesse nicht fördern werden und dann erst räth sie
ihm, nic t isolirt dazustehen, sondern ins gesellige Leben überzugehen, und verspricht, dass die Menschen ihre Interessen gegenseitig ja beachten werden, welcher Rath dem mit
der These ertheilten widerspricht, weil man doch unmöglich an-

nehmen kann, dass die Vernunft den in der Thesis gedachten
Rath nur insofern dem Einen ertheile, so die Anderen dem in
der Antithesis enthaltenen Rathe aus Unvernunft nicht folgen, da
doch Vernunft nur Vernunft und nicht Unvernunft voraussetzen
kann, so wird es klar, dass These und Antithese wie gesagt kol-
lidiren. Aus diesem von der Thesis und der Antithesis dargestell-
ten Widerspruche folgerte Hillel, dass die Vernunft mit besagter
Antithesis dem Menschen einfach nur räth, aus der Isolirtheit
hinaus in die Gesellschaft zn treten. Eine gänzlich andere Bewandniss aber hat es mit dem W i e die Gesellschaft beschaffen zu sein habe? Diese kann in der That nur dann als vernünf-
tig angesehen werden, so sie sich der Thesis gemäss n e g a t i v
verhält und auf dem Prinzipe כל מה דסני לך לחברך לא תעביד, Was
(aus eigenem Interesse) du nicht willst, dass man gegen dich
verübe, thue es auch dem Anderen nicht, beruhet. Die Antithesis
räth somit nur die Zuerkennung der Thesis in der Form des
כל מה דסני לך לחברך לא תעביד an.
Indem aber selbst diese gegenseitig negative Zuerkennung
auch Leistung und Gegenleistung aus eigenem Interesse abstract
bereits abgibt, wobei Producent zugleich Consument und Consument zugleich Producent nach gleichem Verhältnisswerthe ist, so
muss dieselbe in kurzer Zeit ins Positive umschlagen, und in
den Interessen - Echange übergehen, welches die eigentliche
Grundlage des socialen Lebens bildet.
Hillel betrachtete somit das Recht als einen Compromiss,
der aus dem Recht der eignen Interessenvertretung hervorgeht,
und auf die allein er basirt, so dass bei Gefährdung des Prinzipes: Was du nicht willst, dass gegen dich man verübe, thue es
dem Nächsten nicht, oder besser ausgedrückt, wofern für die individuelle Leistung dem Individuum keine zukömmliche Gegenleistung als Echange gegeben wird, folgerichtig dasselbe zur Gewalt zurückkehrt, sich selbst seine Interessen zu vertreten, und
eben weil laut der Thesis - Aussage die V e r n u n f t es ist, welche diesfalls den Menschen auf die Vertretung der eigenen Interessen hinweist, müssen wir in derselben nicht G e w a l t, sondern M a c h t erblicken. In Zusammenhang mit Besagtem findet auch folgende Aeusserung Hillels ihre Erklärung. Als er
einst einen auf dem Strome schwimmenden Menschenschädel erblickte
sagte er: „Weil du hast ersäuft, so hat man dich ersäuft, und
deine Ersäufer wird man endlich auch ersäufen," welche Sentenz
keine andere Deutung wohl zulässt, als diese, wo das Recht und

die Achtung der freien Persönlichkeit aufhört, wenn auch nicht
r e c h t l i c h, doch r a t i o n e l der Krieg Aller wider Alle eintre-
ten muss. Nun will ich schliesslich noch auf (Baraita Sabbat) aufmerksam machen, die erzählt: Einst kam ein Fremder zum Lebrer Schamai und sagte: ich möchte zu deinem
Glauben mich bekennen, so du das ganze Gesetz mich lehrst auf
əinen Fuss על רגל אחת, da stiess Schamai ihn zurück mit der
Bau Elle דחפו באמת הבנין. Als er aber mit derselben Anforderung an
Hillel sich wendete, gab dieser ihm zur Antwort: Mein Sohn!
Liebe deinen Nächsten wie dich selbst, nämlich was dir nicht
genehm ist, thue auch deinem Nächsten nicht, das bildet das ganze Gesetz, alles Uebrige ist blosse Interpretation. Nun aber ist
jeder aufrichtige Talmudist gezwungen einzugestehen, dass dieser
von der Bar. gebrachte Ausspruch Hillels unrichtig als höchster
Thoragrundsatz aufgefasst wurde, da die höchstumfassendste Regel
ein Erörterungsgegenstand späterer Tanaiten bildet, in deren Nam-
haftmachung überdiess die Meinungen von Rabbi Akiba und Ben-
Asai differiren und demnach obgedachte Erzählung zum Behufe
der Kenntnissnahme der umfassendesten Thoraregel unmöglich über-
liefert sein kann. Ausserdem wäre nach dieser Auffassung der Er-
zählnng höchst unerklärlich, warum die Tradition so umständlich
angibt, dass eine Bauelle es war, mit der Schamai den Fremden zurückwies, und es gewinnt somit an Wahrscheinlichkeit, dass
gleich jeder Dichtung auch dieses zitirte Mährchen nur eine Zeit-
richtung individualisirt, und mit dem Fremden, der den Gesetzes
Unterricht auf einen Fuss zur Bedingung des Eintritts in die Re-
ligionsgenossenschaft stellt, kein anderer gemeint ist, als die Essäer, die ausserhalb der Gesellschaft standen und dieselbe an-
fechtend flohen, behauptend, nur dann in dieselbe zurückkehren zu
können, woferu gemäss dem Prinzipe der Nächstenliebe ואהבת
לרעך כמוך das Gesetz derart angewendet würde, dass darauf
sämtliche Gesellschaftsklassen auf einen und denselben Fuss
gesetzt werden, und die überlieferte Sage erzählt, dass Schamai
der auffahrende die unsinnigen Anforderungen der Essäer keiner
eingehenden Entgegnung würdigte, und verachtungsvoll dieselben
nur im allgemeinen auf die Bauelle, nämlich auf den Masstab
hinwies, dass ein Masstab da ist, und es habe somit ein verschiedener Masstab zu herrschen. Anders jedoch war das Benehmen des bescheidenen Hillel. Er ging in Erörterung dieses Ver-
langens ein, und lieferte den Beweis, dass der Pentateuch - Lehr-
satz: Liebe deinen Nächsten wie dich selbst, social genommen,

nur n e g a t i v zu interpretiren ist, und im Grundsatze, das, was
dem Menschen selbst unlieb ist, soll er auch dem Nächsten nicht
zufügen, möge man die einigende Regel und den einen und denselben Fuss für Alle finden.

§ 2.
Die Urentstehung der Religion ist auf socialem Boden zu suchen.

Weil die ältesten Religionen, von denen wir geschichtliche
Kunde haben, Naturreligionen bereits bilden, herrscht fast allgemein die irrige Ansicht, dass die Menschen zur Gottesidee auf
kosmologischem Wege gelangt sind. Ich sehe deshalb gleich mit
Beginn dieser Schrift mich veranlasst, dieser irrthümlichen Meinung entgegenzutreten, und zwar aus folgenden Gründen. Vor
allem, dass der Mensch kein freier kosmologischer Forscher úr-
sprünglich war, wird wohl jeder Denker einräumen müssen, mithin konnte es nur der Schrecken, den die kosmischen Erscheinungen dem Menschen einflössten, gewesen sein, welcher auf besagte
Ideen ihn geleitet hätte. Bei dieser Voraussetzung aber frägt es
sich, ob nicht für den Menschen in der Besorgniss, v e r e i n z e l t
z u w e r d e n, eine nähere Ursache der Furcht zu finden wäre,
als in den Erscheinungen der südlichen Himmelsgegend, seines
ersten Aufenthaltes? denn der Mensch der ersten Perioden musste
im Falle der Isolirung sich der Gefahr ausgesetzt sehen, entweder
dem Mangel an Lebensbedürfnissen zu unterliegen, oder als Opfer
dem gefrässigen Gethier anheimzufallen. Uebrigens zeigt auch das
Wort רע, welches in allen semitischen Sprachen die Vorstellungen der
Zertrümmerung, des Nothrufs und des Uibels überhaupt, wie im
Gegentheil auch für die des geselligen Zusammenlebens und des
Viehweidens, der Bespeisung und der gesellschaftlichen Leitung
einen und denselben Ausdruck רע in verschiedener Umlautung haben, liefert genügendes Zeugniss, dass während der Jäger- und
Fischer-, wie auch später selbst während der Weidenwirthschafts-
Epoche diese Vorstellungen sämmtlich im menschlichen Denken,
noch in Association standen. Daraus ist zu ersehen, dass dem
Menschen das isolirte Leben als das höchste Uibel und im Gegentheil das Zusammenleben in geselligem Verbande, wobei mittels vereinter Kraft Vieler man im Stande gewesen war, den genannten Bedrängnissen entgegenzutreten, demselben als das höch-

ste Wohl (טוב) gegolten, welcher Ausdruck auch deshalb in
sämmtlichen semitischen Sprachen zu ihrer Bedeutung den
dreifachen Sinn des Wohls, der Ordnung und des Zahlrei-
chen abgibt; statt also der Ansicht zu huldigen, dass der kosmo-
logische Weg es war, der die Menschen auf die Gottesidee ursprünglich geführt habe, ein Weg, dem entlang man höchstens
zu einem Demiurgus gelangen kann, nie aber zu einem gna-
denvollen Gotte, wie das religiöse Bewusstsein ihn erfordert,
liegt es doch näher anzunehmen, dass der Mensch auf socialem
Wege ursprünglich zum Gottesbewusstsein gelangte, da derselbe
zur Gottesidee doch directe führt, während der andere nur durch
die Umwege des Betruges, der priesterlichen Habgier, sich zum
Opferkultus Bahn brechen muss. Wolle man nur nicht der Einsicht sich verschliessen, dass einerseits die Isolirtheit als höchstes Uibel, und andererseits das Zusammenleben in Familien-,
Stamm und National-Verbande als das höchste Gut dem Menschen
galten, und man wird einsehen, dass man aufrichtigen Dankes gegen das Gesellschaftsmitglied erfüllt sein müsste, welches die
Aufrechterhaltung des Verbandes am meisten gefördert, wie wohl
es in dessen Macht gewesen war, der Gesellschaft am leichtesten
zu entbehren, zum Beispiel: in der Familie der Vater, im Stam-
me der Patron und im Volksverbande der Leiter. Daher hatte man
natürlich sich veranlasst gefühlt, ihm die höchste Verehrung zu zol-
len, und um dessentwillen auch Opfer sich aufzuerlegen. Mit
der Zeit jedoch gewann der Mensch die Einsicht, wie es im Allgemeinen doch unsicher sei, dem so vielen Wechselfällen unter-
worfenen und in seiner Macht und Einsicht beschränkten Menschen ein so theueres Gut anzuvertrauen, und der schwache hilf-
lose Mensch musste um andere höhere Wesen sich umsehen, denen er die Leitung seines Geschickes überlassen konnte, und so
ging er von Wesen zu Wesen, bis er nach und nach ein unalterables Wesen entweder fand, oder ein solches gefunden zu
haben glaubte, welchem er die Aufrechterhaltung des socialen
Verbandes, das Gut, das ihm so sehr am Herzen lag, anvertraute.

Was somit dem Weibe der Mann Baal (בעל), den Kindern
der Vater (אב) (Jupiter), dem Diener der Herr (אדני), dem Volke
der Herzog (רעה) (מולך) Moloch ist, dies war auch dem Menschen
ursprünglich die Gottheit. In den wissenschaftlichen Kreisen ist
es wohl bekannt, dass die überkommenen geschichtlichen Sagen
nicht hinreichend genug sind, über die frühesten Perioden der
Menschheit ein klares Licht zu verbreiten, und um einsichtsvolle

Erkenntnisse über dieselben zu erlangen, es erforderlich ist, mittels der Vergleichung der Sprachen und deren Entstammung For-
schungen anzustellen, als dass ich es nöthig hätte, darauf aufmerksam zu machen. Ich beschränke mich daher bloss gegen das
Vorurtheil, welches in der Sprachforschung die drei Sprachracen,
als die der Arier, Semiten und Aethiopier absolut trennt, anzu-
kämpfen, und besonders bezüglich der Erforschung des Religions-
ursprunges kundzugeben, dass dieselbe es durchaus erheischt, vermöge der Wurzelspuren, die in den genannten drei Sprachracen
ähnliche Bedeutung haben, nach der Ursprache hin zu dringen,
der sie entstammen. Jedoch kann ich dieser Aufgabe hiermit nur
beiläufig erwähnen und behalte es mir vor, bei Gelegenheit der
Abhandlung der biblischen Mythe auf dieselbe zurückzukommen,
möchte aber zunächst nur bemerken, dass die deutsche Silbe „gut"
die sich zu den Wörtern, gatten, gut, Gott, abzweigt, welche den Sinn
des Wohls, des höchsten Wesens und des geselligen Verbandes abgeben, merkwürdig auch in der hebräischen, syrischen und
aramäischen Sprache sich vorfindet, in denen dieselbe gleichfalls
zu den Wörtern der genannten drei Bedeutungen sich entwickelt.
Vergleiche man nur die Silbe גד im Worte בגד (Genesis 30), ob
sie nicht das Wohl bedeutet, ferner im העורכים לגד שלחן, ob sie
keinen Namen einer Gottheit darstellt, und endlich im Worte גדוד
wie z. B. im Verse גד גדוד יגודגו sie nicht etwa den Sinn des geselligen Verbandes abgibt. Ebenso und nicht anders scheint es
auch mit dem anderen Namen fürden Begriff des höchsten Wesens,
französisch Dieu, lateinisch Deus, griechisch Theos
sanskrit Devas, persisch Dews, sich zu verhalten, dass
derselbe von der Silbe טב der Ursprache sich herleite, weshalb
diese Silbe auch in den semitischen Sprachen zu den genannten
drei Bedeutungen, die für das ursprüngliche menschliche Denken Associations-Begriffe bildeten, sich ableitet, als die des Guten,
vergleiche מה טיבו של איש זה der Gottheit vergleiche Mischna
משתקן אותו [Götter] האומר יברכוך טובים, und die des geselligen Lebens, vergleiche Mischna Megila שבעה טובי העיר. Aus all dem Angeführten geht hervor, dass auch die Sprache, das älteste Doku-
ment, dem der Zeit nach wohl alle sonstigen Dokumente nach-
zureihen sind, für die Ansicht zeugt, dass den Menschen auf
die Gottesidee sein Interesse an die Socialität geführt hatte.
Nicht minder zeugen die lateinische Benennung Religio und die
hebräische דבר הברית Bundessache, für die besagte Ansicht; denn
wahrlich die Gottheit war dem Menschen ursprünglich nichts an-

ders, als das unalterable Wesen, welches seine sociale Ordnung
förderte. Ebenso verliert dieser Ansicht nach der Opferkultus das
Baroke, das an ihm haftet, da zufolge derselben dieser nur
vom menschlichen auf den unalterablen Gesellschafsleiter übergegangen wäre. Ehedem wenn ein Gesellschafts - oder Genossenschafts-
mitglied schwer sich versündigte, wurde er durch den Patron
oder durch den Gesellschaftsleiter aus der Genossenschaft oder
Gesellschaft entfernt; so aber zum Nachtheile der Genossenschaft oder Gesellschaft es unversehens etwas verübte, oder wenn
Jemand bei demselben um etwas zu eigenen Gunsten anhielt, brachte er von eigener Habe Opfer zu Händen der Leiter, welche
dieselben fürs allgemeine Wohl verwendeten. Dasselbe Bewandtniss hatte es auch dann, als statt der vergänglichen Leiter das
unalterable Wesen als Social-Ordner aufgetaucht war. Bei flagran-
ten Verbrechen war von der Gottheit das Mitglied aus der Gesellschaft exilirt, welche Strafe bei den Israeliten daher den Namen
כרת führt.

Zur Sühne für unabsichtliche Vergehen aber, oder als Aeus-
serungen des Dankes hat man der Gottheit Opfer dargebracht,
die dann von der ganzen Genossenschaft verzehrt wurden,
ויחזו את אלהים ויאכלו וישתו, denn allem Anscheine nach waren die Opfer
ursprünglich nichts anders als זבחי שלמים öffentliche Verbrüde-
rungsmahle, die den Charakter der englischen Zweckessen an sich
tragen, welche letztere ebenfalls Opfer auf dem Altare des Va-
terlandes bilden. Ebenso findet der antike Ausdruck כנמרוד גבור
ציד לפני ד׳ Wie Nimrod ein mächtiger Jäger vor Gott, seine Erklärung nur dieser Ansicht gemäss, indem im Munde des Volkes
die Begriffe von Gott, Gutem und socialem Leben sich identifizir-
ten. Uibrigens möge man auch nicht ausser Acht lassen, dass
selbst in Epochen, in welchen die Naturreligionen bereits herrschen,
Epochen, die bei weitem später sind, als diejenige, von der nun
die Rede ist, der Mensch die Natur noch nicht anders, als aus
dem Gesichtspunkte seiner socialen Verhältnisse aufgefasst hat.
War doch den Ariern das göttliche Windspiel Saramas — vergleiche hebräisch זרם und somit angehörig der Ursprache, die vor
der Racentheilung in Semiten, Arier, Aethiopier lebte — nichts
mehr als der Hirt, welcher dem Herrn, dem Himmel die goldenen
Heerde der Sterne und Sonnenstrahlen behütet, und die Him-
melskühe, die nährenden Regenwolken, ihm zusammentreibt.

Wenn also der Himmel nichts mehr als den Herrn, das
Windspiel nicht sonstiges als den Hirten, und Wolken melkende

Kühe nur vorstellen und Herr, Hirt und Kühe allein als Premis-
sen schon hinreichen, eine gewisse Idee zu erzeugen; so muss
es wahrlich nur überflüssig sein, zur Erlangung der Gottesidee
noch Himmel, Sterne und Wolken in Anspruch zu nehmen, und
es liegt somit klar am Tage, dass nicht auf cosmologischem, sondern auf socialem Wege der Mensch zu der Gottesidee gelangt
war. Welchem Erkenntnissschritte aber uns diese erwiesene Behauptung entgegenführt, wird schon im Verlauf dieser Schrift sich kundgeben.

§. 5.

Das wahre Gute liegt nicht in der Befriedigung der Wünsche
(Glück, Glückseligkeit), sondern in der absichtlichen prevoyanten
Thätigkeit.

Nach der Mischna-Mittheilung herrschten zuerst entgegengesetzte Meinungen zwischen der Hillelischen und Samaitischen
Schule, die eine meinte: נוח לו לאדם שלא נברא יותר משנברא weit
besser wäre es für den Menschen, nicht geschaffen zu sein, und die
andere meinte im Gegentheil: נוח לו לאדם שנברא יותר משלא נברא Für den
Menschen ist viel besser, geschaffen als ungeschaffen zu sein. Später aber kamen beide Schulen überein נמנו וגמרו נוח לו לאדם שלא
נברא משנברא: Für den Menschen wäre es, so er nicht geschaffen,
weit besser, als nun, wo er geschaffen ist. ועכשיו שנברא יפשפש
במעשיו Aber da er in der That doch bereits geschaffen ist, soll er
seine Handlungen genau erwägen. Jahrhundertelang interpretirte man
im besagten Sinne die Mischna, ohne einzusehen, dass es doch
purer Unsinn ist, darüber zu debattiren, ob dem Menschen besser
wäre, ungeschaffen zu sein, denn wenn das Subjekt, der geschaf-
fene Mensch nicht gegeben wäre, wem möchte das Prädicat
„ihm wäre wohler" zugekommen sein? Und der gefasste Beschluss dann, dass es dem Menschen in der That besser wäre, ungeschaffen zu sein, setzt dem Unsinn demnach noch die Krone
auf; denn wie kann einem nicht existirenden Wesen wohl oder
nicht wohl sein? Allein in Wahrheit debattirten die Schulen um
ganz was anderes. Die Aufgabe der Schulen war, wie ist der
Begriff, das Gute, zu definiren? Identificire sich wirklich das
Gute mit dem Genusse, so dass man unter ersterem nichts anderes
als Bedürfnissbefriedigung und Erfüllung unschädlicher Wünsche,
die sogenannte Glückseligkeit, zu verstehen habe, abgesehen, dass

das Streben nach dem Guten im Menschen am Ende doch nur
aus nichts Anderem als aus dem persönlichen Genusse hergeleitet
werden konnte, fiele dem Thiere ein grösseres Ausmass am Guten
zu, als dem Menschen, da jenes in der gestillten Lust seine Befriedigung findet, während der Mensch bei aller Befriedigung uie
zur Zufriedenheit gelangt. Die Schulen ergingen sich daher in
der Untersuchung, ob der Mensch bei genauer Selbstprüfung, in
sich wirklich Wille nach Genüssen trage? Oder trägt er diesen
Willen nur relativ, d. i. in Bezug auf die ihm schon innewoh-
nenden Bedürfnisse? mit anderen Worten, ob nach gepflogener Selbstprüfung sich dem Menschen die Ansicht resultirt, dass es ihm lieber sei so geschaffen zu sein wie er es ist, z. B. mit dem Bedürfnisse sich zu nähren, und dabei die Empfindung der Lust und
des Wohlbehagens, bei dessen Befriedigung zu geniessen? oder
möchte es ihm lieber und wünschenswerther sein, nicht so wie
er es jetzt ist geschaffen zu sein? so dass weder das Bedürfniss
der Nahrung, noch die Lust in dessen Befriedigung zu finden, und
ebenso bezüglich aller anderen Bedürfnisse und Genüsse. Welche
Bedeutung sonst würde aber das Leben in der Abstraktion aller
Bedürfnisse und Genüsse für ihn haben, so es nicht die des Ver-
barrens in echter absichtlicher prevoyanter Thätigkeit bedeute?
Und es kamen die beiden genannten Schulen, nachdem die Hillelische, die den Rechtsstaat auf das persönliche Interesse gegründet betrachtete (vergl. §. 1.) anfänglich nichts Anstössiges fand,
auch der absoluten Genusssucht im menschlichen Willen das Wort
zu reden, endlich überein, dass abso lut genommen, der eigentliche
menschliche Wille nicht nach Genüssen strebe, und der Ansicht
der Menschen nach, es ihnen lieber wäre, nicht so beschaffen zu
sein, wie sie es nun sind, und in ihrem Sollen befragt, würden
sie gerne auf sämmtliche Genüsse verzichten, so man sie nur deren
Bedürfnisse enthöbe, der Art, dass wofern sie durch die Naturthätigkeit zu den natürlichen Genüssen nicht determinirt wären,
ihr eigentliches Streben nur dahin ginge, in absichtlich prevoyanten Thätigkeit zu leben. Der Begriff des Guten darf somit keineswegs Wunschbefriedigung, sondern absichtlich prevoyante Thätigkeit definirt werden. Der Grund des menschlichen Strebens
zum Guten ist sonach, beim Lichte der Vernunft besehen, nirgends anders, als im Streben ein Intelect zu bilden, und dem Got-
tesbegriffe, den man nur als die absolute prevoyante Thätigkeit
zu denken hat, ähnlich zu werden, und es resultirt daher der
Beschluss der Schulen mit den Worten: ועשיו שנברא יפשפש במעשיו

Nun da bereits der Mensch geschaffen ist, wie er es ist, nämlich
begränzt nach Bedürfnissen Verlangen zu tragen, so bleibt ihm
nichts übrig, als die höchstmögliche Prevoyance auf seine Hand.
lungen zu verwenden, um sie in freie Selbstbestimmung zu üben.
Und .wirklich scheint es, dass im frühesten Alterthume noch, nachdem das sociale Leben, worin der ursprüngliche Rechtsstaat zu
verstehen ist (§ 1.), zum allgemeinen Wohl (dem Guten der Wahrnehmung) sich steigerte, wo es dann einem unalterablen Wesen
anvertraut war, in welcher Culturstufe man (nach § 2.) die zuerst aufgestiegene Gottesidee und den Religionsanfang setzen
muss, das Gute schon seine wahre Auffassung gefunden habe,
und zwar nicht als Sättigung der Wünsche, sondern als die rein
prevoyante, absichtliche Thätigkeit gedacht zu werden. Als Beweiss
für meine Behauptung möge man nur merken wie die Silben זן und סם
welche in der hebräischen und aramäischen Sprache die Speise-
und Nahrung bezeichnen (verglichen Talmud בכ"ס; מעל לסימון נתנה)
sich dann zum זנות und כטות verwandeln, die die Ausgelassenheit
und Völlerei bedeuten. Dass aber diese Silben noch der Ursprache angehören, die vor der Theilung der Völker in Indogerma-
nen und Semiten geherrscht hatte, beweisen die Wörter sens, sinnlich sättigen, der Lateiner und Germanen und das Syt der Sla-
ven. Ebenso möge man bemerken, dass mit der Silbe רו, die im
רוה, als im Gegensatz zum Feisten, und der Fülle thierischer
Genüsse vorkommt, auch die absichtliche und prevoyante Thätigkeit bezeichnet wird, vergl. das aramäische כל רז לא אנס ליה, und
das hebräische רזי לי und רוזנים wie im Verse ורוזנים נוסדו יחד
Dass diese Silbe aber ebenfalls der Ursprache, die vor der Ra-
cen-Scheidung gesprochen wurde, angehört, beweist das slavische
rosum, das galische raison, das lateinische ratio, das deutsche ra-
then, woraus sich ergibt, dass schon im Uralterthum die Sättigung und Erfüllung der Wünsche mit'dem Gemeinen und Nichtan-
zustrebenden, wogegen die Frugalität in den Genüssen eben mit
dem Räthlichen und Anzustrebenden in Associationsverbindung
standen. Wohl bin ich mir bewusst, dass am allerwenigsten ich, der
Sprachenunkundige, und dem nie gegönnt war, mit Sprachforschung sich zu befassen, es sein kann, der auf diesem Felde ent-
scheidende Beweise führe; meine Absicht geht somit nur dahin, die
geeigneten Forscher nach dieser Richtung hin anzuregen. Was
ich aber weiss, und wovon ich die tiefste Uiberzeugung in mir
trage, ist, dass die Alten das Gute vom Wahren zu unterscheiden wussten, während man heut zu Tage das Gute mit dem

Wahren verwechselt. Man glaubt nämlich, das Gute liege im
Genusse, in der Erfüllung der Wünsche; da aber das Genuss-
streben dem Thiere auch eigen ist, sucht man Zuflucht bei dem
Wahren, und man stellt als Prinzip das allgemeine Wohl auf, indem man verkündet, man habe anzustreben, die Bedürfnisse und
Wünsche aller Menschen zu erfüllen. Allein die Vermehrung der
Genüsse verursacht auch eine Zunahme und Vermehrung der Verlangen und ist von Uibel, und mit der Verallgemeinerung derselben erhält man nur das wahre Uibel. Wäre das Gute mit dem
Genusse zu identificiren, wahrlich, es gäbe keine höhere Theorie
als die Proudhommische Sentenz. Bis wie lange aber noch wird
man nicht einsehen, dass das Wahre nur eine Form und Weise
ist, nämlich die der Allgemeinheit und Gewissheit, und daher ist
das Siegel der Wahrheit, der blinden unabsichtlichen Thätigkeit,
nämlich der Natur, auch aufgedrückt; auch die Naturgesetze haben Allgemeinheit und Gewissheit, so dass eben darum nur dieselben Gesetze heissen. Anders und verschieden aber ist das Gute, das in nichts anderem besteht, als in der absichtlichen prevoyanten Thätigkeit, die ist einmal für allemal ein Charakteri-
stikon des Menschen nur, und bleibt demselben nur eigen. Freilich hatte man im Alterthum das Wahre noch nicht so angestrebt,
wie man es nun anstrebt; dafür waren aber dann die Menschen
gut, und den eigenen Nutzen hintansetzend, wussten sie in freier
Bestimmung rein schöpferisch thätig zu sein. Wogegen dermalen
grösstentheils das Nützlichkeitsprinzip prävalirt, so dass sie mit
all vor dem Thiere ihnen gewordener Prevoyance sich demselben
weit hintansetzen; das Thier ja nur ein Streben für Genüsse hat,
die zu seiner Erhaltung wirklich nothwendig sind. Cato der vom
römischen Rechtsgenusse die Plebejer und die italischen Provinzen
ausgeschlossen wissen wollte, war freilich nicht in dem Masse wahr
als Cäsar, welcher die römischen Rechtsmaximen auszudehnen und
zu verallgemeinern suchte. Nichtsdestoweniger ist des ersteren
Wirken innerhalb seiner Partei gut zu nennen, indem es ohne
selbstsüchtigen Nutzen, rein und ehrlich dahin ging, das freie
durch Selbstbestimmung absichtlich prevoyante und schöpferische
Leben vorwaltend im Vaterlande zu machen; wogegen man das
Wirken des letztern nicht gut heissen kann, selbst wenn man
auch übereinstimmend mit der Ansicht des Exkaisers, Louis Na-
poleon, ihn der Herrschsucht nicht zeihen und seinen verübten
Staatsstreich bloss der von ihm vermeinten patriotischen Mission
zuschreibt, da dasselbe nur die Genussverbreitung förderte, die

die Blasirtheit und die thierische Abhängigkeit herbeiführt. Der
kultivirte Mensch des Alterthums hatte sowohl sein eigenes Wesen,
als das Gute in der rein prevoyanten schöpferischen Thätigkeit,
richtig erkannt, und es war ihm der Genuss somit bloss Diener
der Vernunft (die semitischen Sprachen legen demselben darum
den Namen שמש bei), dem jetzt lebenden Menschen hingegen
ist die Vernunft nichts mehr, als die Dienerin des Genusses. In
Zusammenhang mit Besagtem nur wird es erklärlich, warum im
Alterthum Propheten entstanden, oder besser mich auszudrücken,
warum damals Propheteninstitute so beliebt waren, warum nicht
ebenso nun? Allein galt absichtliche prevoyante Thätigkeit dazumal
als des Menschen Wesen, gebildet und weise sein, hiess somit
nichts anders als prevoyant thätig leben. איזהו חכם הרואה את הנולד,
Wer dem thierischen Genusse möglichst entsagte und zur Eintracht
und Zufriedenheit ermahnte, in thätiger Mühe für den Fortschritt
arbeitete, die Kranken wartete, den Gekränkten Trost brachte
und die Freude in die Erkenntniss und Selbstbestimmung suchte,
der war Prophet; denn absichtlichthätige Prevoyance war sein
Wesen. In Zeiten aber. wo die Vernunft zur Sclavin des Genusses
erniedrigt ist, können zwar Männer des Tages gleich Pilze empor-
schiessen, keineswegs Propheten erstehen, die in rein absichtlicher
schöpferischer Thätigkeit arbeiten, um die Menschheit einer höheren Culturstufe entgegenzuführen. In Zeitalter. wo man die Zukunft verpfändet, indem man Staatsschulden über Staatsschulden
häuft, wo man sowohl im öffentlichen als im Privatleben der
Maxime; „apres moi le deluge" huldigt. wo Bequemlichkeit, Ge-
mächlichkeit, äussere Zier, Sinneslust das Ziel alles Strebens ist,
und das Verständniss, den Augenblick zu erhaschen, genannte Genüsse zu erlangen, als Weisheit gilt; darf es wohl nicht wundernehmen, dass die Menschen keine Lust verspüren, nach der Zukunft zu schauen und als Propheten aufzutreten, welche in reiner Absicht handeln, um von der Brutalität die Menschheit zu
ihrer eigentlichen Bestimmung zu leiten. Sowohl Spinoza als
Lessing haben den Propehtismus zugegeben, und als eine geschichtliche Thatsache hingestellt, ohne denselben zu definiren. Im Laufe dieser Schrift werde ich mich noch veranlasst sehen, dessen Definition zu erläutern; zunächst aber will ich nur bemerkt haben,
dass zu einer Zeit, wo die Vernunft nur Geschäftsträgerin des
Genusses bildet, wahre Heroen unmöglich erstehen können,
geschweige denn Propheten. In Voranhaltung des Besagten, wird
es auch nicht befremden, warum man gegenwärtig mit der Un-

absichtlichkeit sich so leicht entschuldigt, wiewohl man an das Fatum nicht glaubt; wogegen im Altérthum trotz dem, dass das Fatum selbst einer Gottheit als unwiderstehliche Macht entgegen trat, es mit dem Fatalgeschehenen weit strenger genommen wurde. Warum hatte Oedipus für das von ihm doch nur fatal Verübte solchen schrecklichen Qualen sich unterworfen? Warum zur Zeit des Moses noch, wenn Jemand den Tod des Nächsten unabsichtlich herbeiführte, musste er die Gesellschaft verlassen und in die Verbannung gehen und daselbst weilen (bis der hohe Priester starb, wo mit der neuen Ordnung der Dinge Amnestie eintritt), während heutzutage es viele der Tollkühnen gibt, die obwohl sie aus Mangel an Vorsicht und Einsicht den Tod von Miriaden herbeiführen, dennoch nicht nur in der Mitte der Gesellschaft, sondern auch in deren höchsten Kreisen leben, und enorme Pensionen noch beziehen. Allein wie gesagt, galt absichtliche prevoyante Thätigkeit im Alterthum als das Wesen des Menschen, und dieser strebte auch an, ein Vernunftwesen abzugeben; so er aber Unabsichtliches, Unprevoyantes verübt hatte, fühlte er zu blinder Naturthätigkeit, zum Vieh, zur Pflanze, zum Gestein sich erniedrigt. Der Beweis hiefür liegt meines Erachtens in den hebräischen Wörtern נדהם נשגה נבער und zwar habe man die Erniedrigung zum Vieh im Worte נבער, vergleiche ושלח את בעירה und die zur Pflanze im Worte נשגה verglichen כארז בלבנון ישגה, ביום נטעך תשגשגי und die zum Gestein im Worte נדהם verglichen יורדי דומה zu erblicken, — und somit als unwürdig, den Menschen, beigezählt zu werden deren Wesen doch nur absichtliche Thätigkeit ist. Völlig entgegengesetzte Ansichten aber müssen vorherrschen in Zeiten, wo die Vernunft, die absichtliche Prevoyance, prinzipiel zur Sclavin des Genusses wurde, da ist's ganz folgerichtig und naturgemäss, dass der Mensch von Ereignissen, welche keinen Genuss in Aussicht stellen, seinen Blick abwendet, indem er spricht: Die Geschichte ist fatal, und sich lieber jenen Dingen zuwendet, die ihm Genuss und Lust in Aussicht stellen. Wir bleiben deshalb, moralisch betrachtet, den Heroen des Alterthums gegenüber, ungeachtet unserer fortgeschrittenen theoretischen Erkenntniss und der gesteigerten Liebe für das Formal - Wahre, eben weil das Inhaltlich-Wahre, das Gute, von uns verkannt ist, doch nur wahre Wünsche-Stümpfer.

CONCLUSION 1.

Da laut § 1. die Norm der Socialität, das Recht, auf die verpflichtende Maxime des Interet personnel, nämlich auf dem Vernunftrathe אם אין לי מי לי אני לי מי hinreichend basirt ist, so muss man es wahrlich nur als lächerlich ansehen, dasselbe auf die Religion oder die Moral gründen zu wollen Diess hiesse mir nichts weniger, als auf die obere Etage die unterste bauen So ein Gebäude von drei Stockwerken vor uns fertig dasteht, und es handelt sich darum, dasselbe abzubrechen, so würde man füglich behaupten können, dass obwohl die oberen Etagen abzutragen sind, man die untere noch schonen müsse; denn die untere Etage bildet, ausser ihrem Selbstzweck auch die Basis der oberen; eben dasselbe Bewandniss hat es auch mit dem Rechte im Vergleiche mit Religion und Moral. Letztere bilden wohl höhere Stufen in der menschlichen Entwickelung, eben darum aber bildet die erste und erforderlichste Entwickelungsstufe das Recht, da mit dem Aufhören desselben der Krieg Aller wider Alle schon beginnt, wobei der Mensch schon seine prevoyante Natur gänzlich einbüsst, und der äusseren Natur, nämlich der blinden Thätigkeit anheimfällt. Monarchen und Staatsleiter also, denen es um's Recht im Staate wirklich zu thun ist, haben somit nicht nöthig die Machtvollkommenheit zur Aufrechthaltung desselben irgendwo anders als im Rechte selbst zu suchen. Da nur, wo es mit dem Rechte eben nicht ernstlich gemeint ist, wo mit Hintansetzung der freien Appreciation der Leistungen und Gegenleistungen von gewissen Klassen der Staatsangehörigen Leistungen zu Gunsten mancher Bevorzugten zwangsweise gefordert werden, gelingt es dem Irrthume, dass die Religion dem Rechte zur Basis diene, sich einzuschleichen. Wohl ist in der Religion bereits das Recht begriffen, jedoch für das menschliche Bewusstsein bildet stets vom letzteren erstere sich hervor, wir müssen also anstatt deductiv vorzugehen und in der Religion die Begründung des Rechtes zu sehen, vielmehr inductiv den Grund desselben in sich selbst erblicken, da aus demselben erst der höhere Begriff sich hervorgebildet hat. Mit einem Worte, nie kann die Religion als Unterlage dem Rechte dienen, und so dies vermeint wird, dient sie der Ungerechtigkeit eher als Deckmantel, als dass das Recht durch sie gefördert werde. Aus diesem Gesichtspunkte nur wird es erklärlich, warum unsere Ahnen von Samuel forderten: תנה לנו מלך לשפטנו Warum gerade לשפטנו? als ob sie ehedem keine Richter

gehabt hätten? Ebenso muss es auffallen, weshalb sie nicht zuerst ואשר יצא בצבאותינו riefen? da für eine Republik der Wunsch,
durch einheitliche Kriegsleitung nach aussen zu erstarken, doch
mehr Grund sein dürfte, die monarchische Staatsform zu verlangen, als der, welcher nach verbesserter Rechtspflege tendirt?
Allein weder um Kriegsleitung, noch um Richter war es unseren
Ahnen zu thun, sondern, nachdem unter den Söhnen des Hohenpriesters Eli die Hierarchie ihnen unerträglich wurde, forderten
sie vom Samuel eine Monarchie, die das staatliche Recht auf
sich selbst, nicht auf die Religion basirt. In gleichem Sinne habe
man auch den Salomonischen Spruch מלך במשפט יעמיד ארץ ואיש
תרומות יהרסנה aufzufassen, dass Salomo demselben pro domo sua spreche: Der Monarch gründet den Rechtsstaat und der Mann des
Zehntens zerrüttet ihn (um das Recht auf die Religion zu basiren).

Ebenso scheint es, dass Absalon nur dadurch einen Anhang
für den Aufstand gegen seinen Vater David gewann, dass er
ihnen den Staat von der Religion zu sondern versprach, um ihnen einen reinen Rechtsstaat bieten zu können. (Vergleiche Sam.
II. 15, 4. deutlicher aber noch ist diese Behauptung wahrzu
nehmen aus Ps. 2. welcher sich sicherlich auf Absalon bezieht.)

CONCLUSION 2.

Aus § 2 geht hervor, dass die Religion auf socialem Wege
sich erzeugte, indem man gegen jenem Menschen, welcher zur
Erhaltung des socialen Verbandes am meisten beigetragen hatte,
ohne dass ihm eine im Werthe gleichkommende Gegenleistung
geworden war, eine gewisse Scheu und Achtung hatte fühlen
müssen, die in Verehrung dann übergingen, so dass man zu Gün-
sten desselben selbst keine Opfer scheuete, um ihn theilweise zu
recompensiren. Nach allmälig gewonnener Einsicht aber, dass
es albern sei, ein so theueres Gut, wie die Gesellschaftserhaltung
es ist, einem vergänglichen Wesen anzuvertrauen, glaubte der
Mensch ein unalterables Wesen aufsuchen zu müssen, demselben
die Gesellschaftserhaltung anheimzustellen. Ist aber diese Pre-
misse zugegeben, so resultirt, dass das sociale Recht und die
menschliche Liebe die zwei Momente waren, aus denen die Religion entstand. Die Wohlthat, welche der Mensch aus Liebe mit
Negirung des Rechtes auf die Gegenleistung der Gesellschaft lei-d
stet einerseits, und das Recht, welches sich anderseits gelten

machen will, die Wohlthat zurückzuerstatten und zu compensiren, um gleichsam die Liebe zu negiren, ohne es zu können, erzeugt in der Gesellschaft die Verehrung und die Opferwilligkeit gegenüber dem unalterabeln Leiter, welche das Wesen der Religion ausmachen. Die Liebe aber, wie wir wissen, liegt noch nicht im Bereiche des Guten; denn obgleich die Liebe höher als das Recht und demselben überlegen ist, da sie die Bethätigung von der Gegenbethätigung nicht mehr bedingt, immerhin fordert sie für erstere die letztere hinterdrein nach. Das Unbedingte in der liebsamen Bethätigung ist somit noch nicht wahr, sondern dem Guten nur entlehnt und aus demselben anticipirt.´ Darum verhält es sich auch mit ihrem Abkömmling, der Religion, ebenso, dass dieselbe ebenfalls im Reiche des Guten nicht liegt, und die Bethätigung in derselben zwar unbedingt gedacht ist; jedoch hinterdrein wird die Gegenbethätigung noch erheischt. In der Religion ist es der gute Gott, der seinem Wesen nach aus lauter Güte uns Alles leistet; dennoch wird hinterdrein in derselben Gottesdienst und Opferwilligkeit gefordert. Ebenso auch unserseits, die wir dem lieben Gotte Opfer (also unbedingte Leistung) darbringen sollen, und dennoch wird von der Religion uns hinterher reicher Lohn zuversichtlich in Aussicht gestellt.

(C O N C L U S I O N 3.)

Ein anderes Bewandtniss schon als mit der Religion hat es mit der Moral. Ihr Entstehungsprinzip ist bereits das Gute, wie dasselbe §. 3 definirt, dass es in der absichtlichen, prevoyanten schöpferischen Thätigkeit besteht. Zu handeln und thätig zu sein ähnlich der Thätigkeit, welche die Gottesidee projectirt, die absichtlich prevoyant in selbstiger Bestimmung ohne den mindesten Genuss (der ein Leiden bereits involvirt), thätig gedacht werden muss, ist das Anstreben der Moral. Antigonus aus Socho, welcher lehrte: אל תהיו כעבדים המשמשין את הרב על מנת לקבל פרס אלא היו כעבדים המשמשין את הרב על מנת שלא לקבל פרס „Seid nicht wie Diener, die ihren Herrn bedienen, um Lohn zu bekommen, sondern seid wie Diener, die ihren Herrn bedienen auf die Bedingung hin keinen Lohn zu bekommen" war somit, der Erste", der die Moral in der echten Bedeutung erfasst hat, und zwar scheint die citirte Texturing des Lehrsatzes nicht die, welche variirend lautet: אלא הוו כעבדים המשמשין את הרב שלא על מנת לקבל פרס die richtige zu sein; denn die heiligen Werke nicht von vorhinein auf die Bedingung des Lohnes zu üben, fordert schon auch die Religion, nichts destoweniger ruht sie in der Erwartung der Belohnung und Bestrafung, so dass Albo dieselbe als eines seiner drei Religionsdogmen angibt. Nicht so die höherstehende Moral, die ist es welche im Guten, in der absichtlichen, prevoyanten Aktion einzig und allein wurzelt, bei der jede Anwartung auf eine ausserhalb derselben liegende Vergeltung hinweg gedacht werden muss. Indessen resultirt aus erwähnter Lehre des Antigonus bei weitem noch nicht, was die Zadukäer aus derselben folgerten, dass es keine jenseitige Vergeltung gebe, da dieselbe blos aussagt, dass die Moral, indem sie mit ihrer Bethätiguug dem Begriffe des Guten, wie er göttlich gedacht wird, nachzukommen strebt, es mit sich bringt, dass deren Thätigkeit die Vergeltung ausschliesse. Und in der That sollte die absichtlich prevoyante, schöpferische Thätigkeit streng gefasst werden, so dass der Mensch dieselbe in allen seinen Handlungen darzustellen und abzugeben habe, sonst würde er brutalisirt. Allein selbst zugegeben, dass vielleicht dieser Grund allein schon hinreichend wäre, ihn zu den sittlichen Handlungen zu bestimmen, ohne dass er es nöthig hätte, dafür in der Einbildung der jenseitigen Vergeltung die Triebfeder zu suchen; würde es noch fraglich bleiben, ob diese Stufe der geistigen Vervollkommnung schon die höchste wäre? Mit andern Worten, bildet die spiritualistische Moral bereits den höchsten Culturgrad, den der Mensch zu erlangen hätte? Worauf ich mit entschiedenem „Nein!" antworte. Die spiritualistische Moral, nämlich die Pflichtübung aus keinem anderen Grunde, als um ein Vernunftwesen abzugeben, bildet noch nicht die höchste Stufe der menschlichen Entwickelung, obwohl Antigonus, Spinoza und Kant sie als die sublimste ausgaben. Denn ausserdem dass diese Moral den Menschen all zu sehr idealisirt und auch aufbläht, lässt derselbe, zu dieser Stufe gelangt, die absichtliche Thätigkeit, das Gute, nicht mehr nach der Schönheitsidee walten; sondern einzig und allein nach der der formalen Wahrheit, wie es auch aus den Systemen des Spinoza und Kant sich wirklich erweist, dass in dem des ersteren die Schönheitsidee gar keinen, und in dem des letzteren nur einen ungeeigneten Platz einnimmt. Ueberdies so die gedachte Entwickelungsstufe, namentlich die spiritualistische Moral, wirklich das non plus ultra der menschlichen Wesenheit bilden möchte, würde alles in der Welt nur auf den Gott des Spinoza hinweisen, nur die

Substanz zweier Attribute die der Denk- und Figurirungsthätigkeit,
würde zum Ausdrucke gekommen sein, ohne die Idee der Schönheit aber würde es im Universum nichts gegeben haben, was den
Begriff und die Existenz Gottes in deistischem Sinne, beurkundet
hätte, wie ich dies im dritten Theile dieser Schrift näher und deutlicher nachweisen werde. Zunächst möge man indessen die erwähnte
Ansicht, dass die höchste Stufe der menschlichen Vervollkommnung
die gedachte Moral nicht abgebe, als eine nur hingeworfene Hypothese gelten lassen, um auf die Frage und Erörterung überzugehen,
welche Culturstufe es denn sei, die die spiritualistische Moral über-
rage? Bis nun wird in der Philosophie die Ethik als die der
Moral überlegene Culturstufe gezählt, allein es unterscheidet sich
die Ethik von der in meinem Sinne gefassten Moral (dass in derselben der Mensch die absichtliche und prevoyante Thätigkeit
walten lässt aus keinem andern Grunde als um ein Vernunftwesen
abzugeben) nur darin, dass die Moral noch im Conflicte mit den
Leidenschaften steht, während die Ethik denselben bereits hinter
sich hat, weshalb sie das gesetzte Gesetz ist und Sittlichkeit heisst.
Mithin darf die Ethik noch nicht als ein Culturgrad angesehen
werden, der über dem spiritualischen Moralstreben liege. Wir müssen
daher den höheren Kulturgrad, welcher sowohl der Moral als selbst
der Ethik übergeordnet wäre, aufsuchen und um diesen zunächst
nur namhaft anzugeben unseren Blick zuerst der israelitischen
Culturgeschichte zuwenden.

§. 4.

Der Glaube an den Fortschritt ist ein höherer Culturgrad als die
spiritualistische Moral.

Wie bereits erörtert, ist es das Recht, welches die Bethätigung von der Gegenbethätigung noch abhängig macht; höher aber
steht schon die Religion, da in derselben der Mensch bereits unbedingt sich bethätigt, immerhin wird die Gegenbethätigung
noch hinterdrein gefordert.

Das Unbedingte in ihrer Bethätigung ist somit nur aus der
ihr höheren Sphäre nämlich der Moral anticipirt, wahrlich aber
gehört es zu ihrer Natur noch, dass sie durch's Versprechen der
Vergeltung die Bethätigung sollicitirt. Ein Religionsstifter daher
der in seiner Religion die jenseitige Vergeltung zu lehren unter-
lässt, versetzt derselben den härtesten Stoss. Denn da jeder

Religion, doch ihrer Natur nach, die Vergeltungsaussicht unentbehrlich ist, so muss der Religionsstifter nothwendig zu irdischen Gütern greifen, und hienieden die Vergeltung in Aussicht stellen, wie eben Moses und die Propheten es gethan. Allein sämmtliche irdischen Gaben bestehen theils in gratuirten, als die, welche die Natur verleiht, bei denen man öconomisch keinen Valeur sich denkt, und theils in socialen, die einen Valeur bilden. Was die ersteren angeht, können dieselben thatsächlich nur als natürliche Folgen, als Wirkungen der unveränderlich gesetzmässigen Thätigkeit betrachtet werden, der Thätigkeit, die zuerst noch keine Absicht verfolgt, und im allgemeinen nur die Macht offenbart, indem es im Plane des Universums liegt, dass im Menschen erst die absichtliche, prevoyante Thätigkeit zum Vorschein komme, wie der Psalmist singt: Eines verkündet die Natur, אחת דבר אלהים שתים זו nämlich :כי ... לאלהים dass Macht des allmächtigen ist) שמענו zweifaches vernehmen erst wir (die Menschen im Geiste; כי עו לאלהים ולך ה' החסד כי אתה dass sowohl Macht als auch Gnade תשלם לאיש כמעשהו nämlich freie absichtliche Thätigkeit) zu ohnen nach Verdienst, dir Ewiger eigen sind.

Diese gratuirten Gaben lassen sich als Folgen der natürlichen Thätigkeit in Zusammenhang stehend doch unmöglich auf die Dauer denken, was aber die letztern, namentlich die socialen Gaben anbetrifft, so haben dieselben ihren Schwerpunkt im Echange, und wurzeln somit weit eher im Rechte (welches wie bereits gesagt zu seiner Basis die Macht habe) als in der Religion. Religionen die den Stimulus zu ihrer Bethätigung in der Erwartung socialer Segnungen erhalten, müssen daher unvermeidlich folgender Alternative ausgesetzt sein, dass sie entweder zu der ihnen untergeordneten Stufe zum Rechte herabsinken, wie es mit der römischen Religion geschah, wo sie überhaupt entbehrlich werden, oder wofern die socialen Interessen in die Religionen verlegt werden, wie es sich in der mosaischen Religion zutrug, dass es dann bei deren Bekennern um's Recht geschehen ist, und statt dessen socialistischer Dünkel eintritt, welcher Institutionen herbeiführt, die, wenngleich sie auch Lebensfänigkelt zuweilen zeigen, immerhin für keine anderen als für kleine Gesellschaften nur sich eignen können. Dieser Missgriff in der mosaischen Religionsstiftung mag vielleicht der Hauptgrund gewesen sein, dass der Mosaismus trotz seiner Klarheit und Erhabenheit keinen Anklang und keine Nachahmung in der Welt fand. Was ich aber noch als zuverlässiger erachte, ist, dass besagter Missgriff zur

Folge hatte, dass innerhalb des **Mosaismus** selbst die Sophrim
ganz andere Seiten aufzogen. Ja eine strengere Kritik als die,
welche der Mosaismus durch das Buch Hiob erlitt, konnte er nicht
erleiden. Dieses Buch schildert einen Mann von hoher Einsicht
und Tugend, der anfangs mit allen Gütern dieser Erde überhäuft
war, dann aber sieht er sich aus Anlass eines Geisterdisputes
nicht allein aller seiner Güter beraubt, sondern, leidet auch vom Kopfe
bis zur Zehe mit der Alepra behaftet, die qualvollsten
Schmerzen. Anfangs schweigt der Mann, dann auf das peinlichste
geplagt löst der Schmerz seine Zunge, und nachdem er das Leben
verwünscht, führt er wider die Gottheit Beschwerde, indem er
behauptet und nachweist, dass sie Schmerz und Wohl unrecht-
mässig und ungebührlich vertheilt. Diese Behauptung findet zwar
Entgegnung bei seinen Freunden, welche gedachte Beschwerde
widerlegen und ihr Gegentheil behaupten. Durch eine weitläu-
fige Controverse wird der Gequälte nicht nur, nicht versöhnt,
sondern all die Beweisführungen der Freunde, dass hinienden
Alles nach Recht und Gebühr sich zuträgt, werden von ihm aufs
heftigste bestritten und als leeres Geschwätz zurückgewiesen, bis
endlich der Gottesgeist selbst dem Gequälten erscheint, und ihn
über seine Macht wider die hartnäckige und trotzige Natur belehrt
und ihn auffordert, den Kampf wider die gewaltigen Naturmächte
aufzunehmen, (vergleiche אור נא כנב רהל׳צ׳ך) ihm mittheilend, dass so
er erst Theil am Kampfe nimmt, er die göttliche Belobung erhalten
würde (וגם אני אורך „Und auch ich werde dich auszeichnen".) Da
wird erst der Hartgeplagte versöhnt, indem er an den göttlichen
Geist folgende Worte richtet: לשמע אוזן שמעתיך ועתה עיני ראתך על
כן: אמאם ונחמתי על עפר ואפר: Nur vom Hörensagen habe ich dich
vernommen, nämlich aus dem Munde der Natur vergl. השמים מספרים
ich erkenne dich aus dem Geiste, (ver. ותמונת ר׳יב׳ט ונבשרי אהזה ארוה)
darum ekelt das Materielle mich an, und ich weiss über Staub
und Asche mich zu erheben. *)

---

*) Ich habe hier ונחמתי mit sich erheben übersetzt, wozu mein geehrter
Freund, Herr Michal **Wolf** folgende interessante Belege gibt: Die Pschit•
übersetzt diese Stelle ebenso: (als Paralele zu ואחרו על עפר יקום
ואחנחם על עפ׳א וקטמא da im Syrischen die Grundbedeutung der Wurzel נחם
erheben aufrichten ist. Weil nun der Trost den Unglücklichen aufrichten soll,
so bedeutet es auch trösten im Syrischen wie im Aramäischen und im Hebräischen. Das aber נחם auch im hebr. aufrichten heisst, sehen wir in der Stelle

Dies ist das Thema der Dichtung Hiob. Nun zweifle noch wer da wolle, ob dieses Dichtung dem Mosaismus, der die Vergeltung hienieden in Aussicht gestellt, nicht ebenso Opposition mache, wie weiland Candide dem Leibnitzischen Optimismus. Leugne noch wer es könne, dass es in der Absicht dieser Dichtung nicht liege, einen Fingerzeig zum Parsismus zu geben, der da lehrt, die sämmtlichen Weltereignisse als in Fehde verwickelt aufzufassen, wobei der Mensch in die Reihen des Ormuz zu treten hat, um den Kampf wider Ahriman mitzumachen, damit er im Jenseits von Gott ruhmgekrönt werde. Das Judenthum hatte demnach nicht nur seinen Ahron, sondern auch seinen Charon, der dasselbe vom Diesseits ins Jenseits, oder deutlicher, vom Mosaismus und den Propheten, die nur die Vergeltung hienieden kannten, hinweg zum Parsismus geleitet, um von demselben nach seinem Boden die dualistische Anschauung zu verpflanzen, und zwar war dieser Führer die gedachte Dichtung Hiob, die laut Talmud (Megila) ein Produkt der Zeit des Xerxes ist.

Wir bekamen daher im Judenthume seit dieser Zeit über ein Diesseits und Jenseits עוה״ז ועוה״ב über ein Reich des Lichtes und der Finsterniss zu hören und sehen Sentenzen wie die fol. genden: שכר מצוה בהאי עלמא ליכא Der Tugendlohn ist nicht hienieden. בני חיי ומזוני לא בזכותא תליא מילתא אלא במזלא Nachkommen langes Leben und gemächliches Fortkommen sind nicht als Lohn für die Tugend anzunehmen, weil sie einzig und allein von der Natur-Constellation abhängen, auf israelitischem Boden wucheren obwohl dieselben den Zusicherungen der Thora schnurstracks zuwiderlaufen. Späterhin wurden sogar viele Religionszermonien wie z. B. der Stein des Albordsch אבן שתיה von dem die Erde ihren

---

כי נחם ד׳ ציון נחם כל חרבותיה Gott richtet Zion auf, stellt seine Trümmer wieder her. Im Syrischen hat es auch die Bedeutung der Wiederbelebung Wiedererweckung der Todten; so heisst נוחמא aram. נחמא die Auferstehung der Todten, und dadurch findet folgende schwerige Stelle im Talmud ihre Lösung אמר יהודה בן טבאי אראה בנחמה bei dessen Lebzeiten doch der Tempel noch stand; aber er schwur אראה בנחמה, so wahr ich die Auferstehung erschauen will! So ist auch im Kadischgebete, תושבחתא ונחמתא דאמירן בעלמא, „die Verherrlichung Gottes (ביאת המשיח) und die Auferstehung (תחיית המתים), die wir der Welt verkünden zu übersetzen,‟ welches einen Trost für die Leidtragenden enthält.

Bildungsausgang bekam, der Berson ערבה der Norus ראש השנה
und noch viele andere dem Parsismus entnommen; ja, wie es
scheint, haben sogar die damaligen Fortschrittler in den vom Parsismus verpflanzten Ideen einen Sieg der Wissenschaft über die
Mosaische Lehre erblickt und sie sahen sich veranlasst die dualistische Scheidung zwischen Licht und Finsterniss, heilig und
unheilig die הבדלה als eine wissenschaftliche Errungenschaft beim
Danksegen für die Wissenschaft in Erwähnung zu bringen. Zwar
stemmte sich die Aristokratie, die wie bei allen Völkern so auch
in Israel conservativ blieb, den überhandnebmenden Parsismus mit
aller Gewalt entgegen, aber was half es? Die Hiobische Dichtung
hatte jeden Glauben im Volke auf die irdische Vergeltung zerstört
so dass ihm wirklich nichts übrig blieb, als das Leben hienieden
blos als einen Kampf נצוח zu betrachten, mit dessen Lorbern man
im unbestimmten Jenseits geschmückt wird. Indessen rief, wie
ich glaube, das aristokratische Streben dem Parsismus im Judenthume entgegenzuarbeiten die קהלת-Schrift hervor, deren Tendenz
keine andere ist, als die Hallucinationen des Parsismus dadurch
zu zerstreuen, dass die Vergeltung im Jenseits ebenfalls angezwei-
felt wird. In Folge der Schrift Hiob schwand aus dem Volksge-
müthe der Glauben an die Vergeltung hienieden, im Gegentheil
tendirte die קהלת-Schrift, die jenseitige Vergeltung in Zweifel zu
ziehen. Was, glaubte der Ekklesiast, sollte den Menschen anspornen
den Tugendpfad zu wandeln? Welches Reizmittel, dachte er,
möchte genügen den Menschen zur Einhaltung der Gesittung zu
zu veranlassen, da sowohl im Diesseits als im Jenseits die Vergeltung in Zweifel gezogen wird? Etwa der Gegenwart Genuss,
wie die heidnische Religionen denselben boten? (vergl. ירושלמי ע"ז פ"א)
וכמליך בתוכה את בן טבאל חזרנו על כל המקרא ולא מצאנו אדם ששמו בן
טבאל אלא אלו זו ע"ז שעושה טובה עם עובריה. Allein dieser konnte im
israelitischen Nationalleben wohl zur Zeit Salomons geboten
werden, als Jeschurun in voller Jugendkraft noch lebte; aber
nicht nun mehr in der קהלת Epoche, als die Nation bereits im
Greisenalter lebte. Mit anderen Worten, das möchte in der
ersten Tempelzeit wohl angegangen sein, als das Recht, das auf
gegenseitigem Genusse beruht noch im Conflikte mit der Religion
war, nicht mehr aber zur Zeit des zweiten Tempels, wo dasselbe
von der Religion gänzlich absorbirt ward. Dem Ekklesiasten blieb
demnach nichts anderes übrig, als einen greisen Reue abzugeben,
dem bei Auftischung seiner Memoiren der Mund nach den ein-
stigen Genüssen noch wässert; jedoch weil die Vergänglichkeit

und Verflüchtigung derselben ihm Kummer verursacht, lehrt er
Mässigkeit und mitunter in seiner Erbärmlichkeit predigt er auch
Erbarmen, und alles dies aus keinem sonstigem Grunde als um die
Naturnemesis auf einige Jahre hinauszuschieben, und für eine
Spanne Zeit noch sich die Lebenslust zu conserviren. Welchen
Unwillen, welch ein Grauen die Kohelethschrift zu ihrer Zeit erregt
habe, würde man sich ambesten vorstellen, wenn man sich ins Ge-
dächtniss zurückruft, welches Indignationsgefühl eine ähnliche
klugschelmische Weisheit, deren Vertreter im Anfang unseres Jahrhunderts kein anderer als der greise Göthe war, bei Fichte
und Börne erregt hat.

Wenigstens nach dem Berichte der Baraita habe man die
Kohelethschrift unterschlagen wollen ל"ק ספר וננג ושקב. Ebenso
scheint es, dass der gefährliche Inhalt dieser Schrift es war, der
die Sophrim veranlasste, den Abschluss der heiligen Bücher überhaupt zu beschleunigen, da wie mein in Gott ruhender Vater in
seinem vortrefflichen hebräischen Werke ןמזה יבונ הרומ bemerkte
am Ende der Kohelethschrift die sophrische Abschlussformel der
heiligen Bücher vorkommt, sie lautet: תורמטסמכו תונוברדכ םימכח ירבד
הברה םירפס תושע ינב רהזה המהמ רתויו דחא העורמ ונתנ תופסא ילעב םיעטנ
קץ ןיא. Trotzdem hat diese Schrift wahrscheinlich viel beigetragen, dass die Vergeltung im Jenseits ebenfalls negirt wurde; so
dass unter dem Parsismus, der mit dem Buche Hiob einerseits
die von Moses in Curs gesetzte diesseitige Vergeltung in Abrede
stellte, und dem Mosaismus, der anderseits mit der Kohelethschrift die vom Parsismus geltend gemachte jenseitige Vergeltung
negirte, der Widerspruch bereits derart zur Reife gediehen war,
um die Vermittlung herbeizuführen, welche beide genannten Momente aufhebt. Denn verfolgen wir den weiteren Verlauf der
israelitischen Culturgeschichte, so bemerken wir abgesehen von der
Sentenz, die die sophrische Abschlussformel der heiligen Schrift
enthält, welche ארי םיהלא תא עמשנ לכה רבד ףוס כי רומש ויתצמ תאו
םדאה לכ הז lautet (ein Ausdruck, der absichtlich schon auf den
Humanismus hinweist) bald darauf auch die bereits erwähnte Lehre
des Antigonus auftauchen. Der Humanismus, diese beiden
Gegensätze der diesseitigen und jenseitigen Vergeltung auf-
hebend und zugleich vermittelnd, predigt die Lehre der
sublimsten Moral, welche wie bereits gesagt, die absichtlich prevoyante Thätigkeit fördert, und zwar für nichts
sonstiges, als dass der Mensch diesem seinen Wesen, als absichtliche prevoyante Thätigkeit treu bleibe, um ein Vernunftwesen

zu bilden, welches aus sich Spaltung, Zerrissenheit und Inconse-
quenz verbannt, und dafür in dasselbe Ordnung, Charakter und
System zu bringen strebt. Somit involvirt der Humanismus gegenüber dem Bestimmtwerden durch Erwartung der Vergeltung
hienieden, ein Bestimmtwerden aus höheren beabsichtigten, geistigen Zielen, gleichsam wie die im Jenseits. Hingegen gegenüber
der Willensdetermination aus der gänzlich hohlen Vergeltungs-
erwartung im Jenseits, repräsentirt das Bestimmtwerden des Humanismus, nicht nur ein Bestimmtwerden, welches sich aus
bestimmten daseiendem Grunde im Diesseits determinirt — der
immerhin noch ein vergänglicher wäre—sondern auch aus bestim-
mendem Grunde, der auch ein i m m a n e n t e r, ewig bleibender
im Diesseits ist. Nach Spinoza wäre der Grund für das moralische
Bestimmtwerden die sublime Freude; das gebe aber blos einen
b e s t i m m t e n und keinen b e s t i m m e n d e n Grund, und somit auch der wahren Selbstbestimmung eintragtuhenden ab,
während meiner Behauptung nach, der Grund des humanistischen
Bestimmtwerdens, dadurch ein bestimmender wäre, weil er ein
Bestimmtwerden bewirkt, dass dem Wesen des Menschen, nähmlich dem Begriffe desselben, Einheit, Charakteristik und Consequenz verleiht, mittels deren er ewiglich ein geordnetes System
darstellt, so dass immerfort von ihm Notiz genommen
werden kann. Bei alldem hatte nur bei einer gewissen Klasse der
Gegensatz vom Mosaismus und Parsismus zur spiritualistischen
Moral sich aufgehoben; im Gros des Volkes aber wucherte der
Gegensatz noch wie ehedem fort, und es ist somit ganz natürlich, dass
in Folge dieser drei Richtungen drei Parteien in der Nation sich
geltend machten. Die eine, welche die Lehre des Antigonus ver-
trat, hatte man, wie es scheint, Chasidim genannt; die aber welche
zum Parsismus sich bekannte, legten sich den Namen Jere-Chet
ירא חטא bei, die dritte Partei aber, die den grossen Haufen
bildete. der noch immer am Mosaismus festhielt, und hienieden
die materielle Vergeltung erwartete. nannte man Plebs. עם הארץ
Der Chasid als Moralist dürfte somit dem Parsisten Jere-Cheit
zum Vorwurf gemacht haben, das er als Unwissender vom Ueber-
sinnlichen und Geistigen spreche. ohne davon einen Begriff zu
haben, daher er Idiot (בור) genannt zu werden verdient, wogegen der
Parsist, Jere-Chet, dem Chasid, als Moralisten, der Sünde ge iehen
haben müsste. dass er ans Jenseits nicht glaube, und somit dem
Materialisten, dem Manne vom Plebs עם הארץ, gleiche, und die
Sentenz Mischna-Aboth, träte somit vermittelnd und besänftigend

4

auf, indem sie äussert: אֵין בּוּר יְרֵא וְלֹא עַם הָאָרֶץ חָסִיד dass nämlich der Idiot ebenso wenig Parsist, Jere-Chet, als der Pöbelhafte עַם הָאָרֶץ Chasid, nähmlich Moralist, sein kann, um so die gegenseitig einander gemachten Vorwürfe, ins Nichtige zu stellen. Mit andern Worten, die Religion, die wie bereits gesagt, ihrem Wesen nach zu ihrer Betlätigung die Gegenbethätigung noch hinterdrein anfordern muss, und die gewöhnlich sämmtliche gemeingiltige Prinzipien der Culturepoche aufgreift, um sich derselben zu bedienen, ohne vom etwaigen Widerstreit derselben Notiz zu nehmen, musste natürlich sich veranlasst sehen, beide Vergeltungsarten für sich auszubeuten, nachdem neben dem Mosaismus, der die diesseitige Vergeltung in Aussicht gestellt, auch der Parsismus, welcher die Vergeltung im Jenseits versprach, die Gemüther zu gewinnen begann. Dieses Geschah auch, und wir sehen daher die Religion bis auf den heutigen Tag (im Gegensatze zur spiritualitistischen Moral, welche die prevoyante Bethätigung unbedingt aus keinem sonstigen Grunde fordert, als in der Venünftigkeit zu verbarren, und sich als Vernunftwesen zu charakterisiren, ihre Promessen hieben und drüben austheilen, und eine doppelseitige Vergeltung, sowohl hienieden als im Jenseits versprechen. Und obwohl durch die Verbreitung der astronomischen Erkentnisse dass Diesseits und Jenseits selbst von Kindern als Irrthum eingesehen wird, dauert gedachter Gegensatz noch imme fort; wiewohl es selbst im Interesse der Religion nun schon wäre einmal für allemal kundzumachen, dass individuelle prevoyante Thätigkeit, ohne bei derselben eine vorangegangene Thätigkeit als solche überhaupt und Thätigkeit nach Zweck vorauszusetzen, undenkbar ist, indem die beiden letztern es eigentlich sind, welche die erste individualisiren; mithin ist jedes individuelle Verbleiben, nach dem die mechanische und organische Thätigkeit aufgehört hat, eigentlich ein Unding. Jedoch glaube ich, kann ein eindringender Beobachter die Vermittlung dieses Gegensatzes schon herannahen sehen, und sich überzeugt halten, dass diese Vermittlung in nichts anderem bestehen würde, als im Glauben an den Fortschritt, in dem Glauben, dass die unendliche Prevoyance, indem sie der Menschheit die prevoyante Thätigkeit zu Theil werden liess, sie mit Auschluss ihrer Absolutheit derselben ihre ganze Wesenheit mitgetheilt hatte, so dass die Menscheit in ihrem unendlich sich entwickelnden Geschichtsprozess progressiv das beurkundet, was die ewige unendliche Prevoyance in ihrer Absolutheit sein muss. Demnach habe jeder zu streben Mensch seine prevoyante

Thätigkeit nur allgemein und gewiss zu machen, um so für den
Fortschritt der Menschheit zu arbeiten, auf dass dieselbe nirgends
anders als hienieden schon zu einem höheren, der blinden Naturnothwendigkeit weniger unterliegenden Zustand gebracht würde.
Ich behaupte, dass das Individuum, indem es sich als
Ziel und Beweggrund der Handlung sich den Fortschritt der
Menscheit setzt, schon die Vermittelung des erwähnten Gegensatzes
von Moral und Religion abgibt. Denn der spirituellen Moral gegenüber, welche die Handlung rein und unbedingt fordert, gibt doch
das Fortschrittsziel die Erwartung auf Vergeltung ab; gegenüber
den Religionsansprüchen aber, die für die Leistung hinterdrein
die Gegenleistung noch personell fordert, bildet das Bestimmtwerden zur Handlung, durch das Ziel den menschlichen Fortschritt
zu fördern, doch nicht mehr ein Bestimmtwerden aus Erwartung
eigennütziger Belohnung. Uiberhaupt wird beim Bestimmtwerden
durch die Gewärtigung des menschlichen Fortschrittes das Personelle ganz aufgehoben, und das Individuelle identificirt sich völlig
mit dem Begriffe der Menschheit in ihrer Totalität, und zwar nicht
mit dem abstrakten Begriffe im Sinne der spiritualistischen
Moral, als individualisirtes Vernunftwesen, bei welchem entweder
nach Spinoza ein Streben zur sublimen und himmlischen Freude,
oder nach unserer Auffassung, ein Streben zu innerer Systemati-
sirung sich kundgibt; denn es ist doch der Mensch kein Engel,
sondern ein mit dem konkreten Begriffe der Menscheit in ihrer
Art progressives, prevoyaut thätiges Wesen, wo das Personelle
im Allgemeinen sich aufzuheben strebt.

§. 4.

Im zweiten Paragraphen sprach ich es als Factum aus, dass
der Mensch die sociale Ordnung von dem menschlichen Leiter,
welchen er den Wechselfällen unterworfen sah, auf ein unalterables Wesen übertragen hat, um dasselbe als seinen Gutswalter
sich zu denken. Derart gelangte der Mensch zu der Gottesidee,
und dieser Vorgang ist Thatsache. Nun fragt es sich, mit welchem Rechte that der Mensch dies? Was beweist, das sein Vorgehen, besagte Idee zu hegen, kein willkürliches, sondern ein
begründetes sei? Die deutliche Darlegung, dass der Mensch wirklich Grund hat, die Gottesexistenz zu denken, wie auch sich in

Relation mit Gott durch die Uibung des Inhalts des göttlichen Willens zu wissen, soll die Aufgabe nächstfolgender zwei Paragraphen sein.

§. 5.

Der verwirklichte Progress nach der Richtung des Guten als geschichtlicher Beweis für die Gottesexistenz.

Philosophen und Theologen des XIX. Jahrhundertes, geht in die Schule beim Mose! Der leitete seinen Dekalog mit den Worten ein: Ich bin der Ewige, dein Gott der dich aus Egypten geführt, und nicht mit den Worten : Ich bin der Ewige, dein Gott, der Himmel und Erde schuf, wohl aus dem Grunde nur, weil er die Menschennatur kannte, dass die Gottesidee zuerst dem Menschen auf socialem Wege kam und dann erst, als sein religiöses Bewusstsein bereits die Gottheit capirt hatte, legte er demselben auch das Schaffen der Wesen bei. Im ersten Stadium der Religiosität, welches wir nun im חקר אב״ת behandeln, wo das religiöse Bewusstsein seine Beziehung und sein Verhältniss zur Gottesidee in der Ursprünglichkeit bloss social und social traditionell. nämlich geschichtlich nimmt, genügt für die religiöse Erkenntniss der Beweis, welcher blos auf dem social-traditionellen, nämlich dem geschichtlichen Erfolge, der das Vertrauen auf die Gottesidee gebärt, geführt wird, dass es thatsächlich Grund hat, auf die gehegte Gottesidee zu vertrauen.

Eine solche religiöse Relation in ihrer ganzen Innigkeit kommt im Buche Ruth zum Vorschein. Ruth spricht zu ihrer zärtlich geliebten Schwiegermutter : באשר תלכי אלך , ובאשר תליני אלין , עמך עמי, ואלהיך אלהי Wohin du gehst; gehe ich auch; wo du nachtest, nachte auch ich; dein Volk ist mein Volk, dein Gott ist mein Gott auch.

Einer der grössten Irrthümmer der Kantischen Philosophie war es, den Begriff von der Reflexion nicht gehörig unterschieden zu haben, und es konnte diese Philosophie nicht einsehen, dass gegenüber der Reflexion der Begriff es ist, welcher Objectivität hat. Würde sie dies eingesehen haben, wahrlich ihr Beweis für das Dasein Gottes in der practischen Vernunft wäre in Rücksicht des thatsächlichen Progresses, welchen die Menschheit social auf der Bahn des Guten vermöge des Vertrauens auf eine höhere göttliche Leitung geschichtlich vollbracht hatte, nicht nur ein subjectiver, sondern auch ein pragmatisch objectiver gewesen sein. Die Macht der Thatsache, dass der Mensch keinen sonstigen Beweggrund für seinen Entschluss zum Guten als das höchste Gut die göttlichen Waltung, gefunden, und dass wie aus dem verwirklichten Fostschritte eben zu ersehen ist, dieser gefundene Beweggrund es auch war, der den Progress brachte, erweist somit diesen Beweggrund als einen geschichtlich bewährten. Was aber allgemein geschichtlich sich bewährt, kann geschichtlich betrachtet, wohl keine Fiction mehr sein, und muss nothwendig für den Geschichtsforscher auch objective Geltung erlangen Dient etwa im praktischen Leben die entsprochene Erwartung von seiten des Debitors nicht als Object für den Creditgeber, woraus derselbe Schlüsse zu seinem weiterem Creditgeben zieht? Ebenso und nicht weniger muss der sich geschichtlich vollbrachte Progress nach der Richtung des Guten, welcher wie Kant es zugibt, in Folge des Vertrauens zu einem göttlichen Leiter sich zutrug, schon ein geschichtliches Object für das religiöse Bewusstsein abgeben. Daraus schöpft das religiöse Bewusstsein zunächst in ihrem social geschichtlichen Stadium, wo es spricht: Ich will glauben an den Gott meines Vaters und meiner Ahnen, meiner Brüder und Angehörigen, ja meines Stammes und Volkes, der Gott, der ihnen half, der wird auch mir helfen, der ihnen beigestanden, dem will auch ich vertrauen, den Beweis, dass es in dieser seiner Annahme sich wirklich nicht täuscht. Ich weiss, man wird einwenden und sagen: Dieser Beweis wäre stichhältig, wenn bewiesen werden könnte, dass, ohne einen höheren Leiter anzunehmen, der social zurückgelegte Progress nicht gekommen wäre, was aber immer unnachweisbar bleiben wird. Darauf will ich im Namen des religiösen Bewusstseins folgendes entgegnen: Abgesehen davon, dass, wie aus Abs. 1, §. 3. erhellt, das Gute nicht in irgend welchem Genusse, sondern einzig und allein in der prevoyauten Thätigkeit besteht, mithin ist der menschliche Progress auf der Bahn des Guten nur in ewiger fortschrittlicher Annährung zu diesem Ideale der Prevoyance zu denken, und somit wäre der Progress als geschichtlich verwirklicht, ohne dasselbe an sich als wahres Wesen anzunehmen, selbst undenkbar. Abgesehen davon, hiesse man einen solchen Nachweis fordern, schon bei weitem mehr, als geschichtlich den Beweis verlangen. Zu einer für die Gottesexistenz geschichtlich pragmatischen Beweisführung genügt uns in erster Reihe die Thatsache, dass unsere

Ahnen und Vorahnen und allgemein unser Geschlecht von jeher auf ein prevoyantthätiges Wesen vertrauten, welches ihnen die prevoyante Thätigkeit zukommen lässt, mittels der sie progressiren, und ferner dass dieselben in diesem ihren Vertrauen aus einem dem Thiere beinahe ähnlichen Zustande bis zu dermaliger Culturstufe sich erhoben, um daraus den Schluss zu ziehen, dass sie mit Recht vertraut, und sich in diesem ihren Vertrauen nicht getäuscht haben. Die religiöse Erkenntniss, welche die implicite Aussagen des religiösen Bewusstseins nach jedem seiner drei Stadien, namentlich, das historische חקר אבות, das cosmologische חקר גבורות, und das ontologische חקר קדושות zu rechtfertigen hat, möge das vom religiösen Bewusstsein nach seinem ersten Stadium hinbehauptete Gottesdasein schon Kraft des ebenEntwickelten gerechtfertigkeit sehen, um zur Erörterung der vom religiösen Bewusstsein behaupteten Manifestation des göttlichen Willens überzugehen.

Abschnit 2.

חקר אבות

§. 6.

Die Offenbarung des göttlichen Willensinhaltes geschieht durch die Identification desselben mit der öffentlichen Vernünftigkeit.

Dem menschlichen Geiste ist es durchaus erforderlich, den Willensinhalt des unalterabeln Wesens, dem er die Gutswaltung vertrauend überliess, kennen zu lernen. Gedachter Inhalt aber kann ihm auf keine sonstige Weise zugänglich werden, als vermittelst der Identificirung desselben mit dem Inhalte, den er selbst als den vernünftigsten achtet. Die persönliche Eingebung aber — nämlich der Inhalt, welcher als der Vernünftigste dem Einzelnen nur gilt — muss nothwendig der allgemeinen Vernünftigkeit — nämlich den Inhalte, welcher im öffentlichen Rechts- und Sittenleben der socialen Welt jeder geschichtlichen Epoche als der vernünftigste sich kundgibt — nachstehen.

Dies gilt zwar nicht absolut für alle Zeitperioden, jedoch für jede bestimmtgegebene Epoche, wird nur jenes Urtheil als ein richtiges sich ergeben, welches konkret, den äussern Umständen Rechnung tragend, gefällt wird, sollte es auch mit der logischen Beurtheilung des einzelnen Denkers nicht im Einklange stehen. Demnach muss es Jedem wohl einleuchten, dass der Mensch in seinem religiösen Bewusstsein nicht anders umhin könne, als im allgemeinen und öffentlichen Culturleben jeder geschichtlichen

Epoche den Inhalt des göttlichen Willens zu erblicken. Mithin wird unter dem Begriffe einer göttlich manifestirten Lehre nichts anders, als diejenige Lehre zu verstehen sein, welche durch die Macht ihrer Idee allein, ohne dass zu ihrer Verbreitung unerlaubte Mittel in Anwendung gebracht werden, sich Bahn bricht, und als eine gerechte, und wahre gemeingiltig wird. Mag selbst so eine Lehre nur im Geiste einiger bevorzugten Denker ursprünglich aufgetaucht sein, so sie dann Propaganda gemacht hat, und dermalen den Rang des öffentlichen Culturlebens einnimt, vindicirt das religiöse Bewusstsein für dieselbe, sowohl dem Wesen als selbst dem Ursprunge nach, die Würde der Göttlichkeit mit vollem Rechte. Denn für das religiöse Bewusstsein, das seiner Natur gemäss die Wahrheit nicht forscht, sondern gedrängt durch die Gewalt der Umstände dieselbe blos anticipirt, beweist schon die Fähigkeit dieser Lehre, die allgemeine Meinung für sich nachhaltig zu gewinnen, am besten, dass sie sowol dem Ursprunge als dem Resultate nach der allgemeinen Vernünftigkeit angehört, durch die allein dem Menschen hienieden der göttliche Willensinhalt erkennbar werden kan. Selbst jene Denker, denen es zuerst gelang, mit ihren neuen Institutionen bei ihrem Volke durchzudringen, müssen blos als Culminationspunkte betrachtet werden, in denen die Ergebnisse der ihnen vorangegangenen Culturzustände zum Durchbruch und Ausdruck gelangen. Die allgemeine Anerkennung also von Seiten unserer Ahnen, die den Mosaischen Institutionen zu theil wurde, die Worte נעשה ונשמע, und zwar נעשה für Gebote, und ונשמע für Verbot; welche das sonst so halsstarrige Israel ins gesammt im Verlaufe seiner nationalen Entwickelung denselben zurief, dürfte dem Zufolge das religiöse Bewusstsein weit eher Bestimmen, von der Göttlichkeit dieser Institutionen überzeigt zu werden, als dadurch, dass die dichterische Phantasie des Biblisten dieselben als Erlässe einer gewaltigen Stimme aus einem umstürmten Berge hervorgehen lässt. Ein Berg, mag er noch so kreisen, kann für uns keine religiöse Uiberzeugung herbeiführen; anders eine durch die Thätigkeit Mehrerer und mittels geschichtlicher Ereignisse nach und nach entwickeltes Cultursystem, welches seine ihm inwohnende gediengene Kraft, den socialen Fortschritt zu fördern, und die Menschen in einer ganzen Reihe von Generationen belebend zu veredeln, bereits erwies; dem schuldet die Vernünftigkeit des Einzelnen die höchste Achtung, wenngleich nicht für immerwährende Zeiten. Denn der Fortschritt ist vermöge seiner Göttlichkeit in ewiger Progression begriffen, und baut sich

der Koralle gleich aus der Dunkelheit der Meerestiefe zum hellen Tageslichte der Civilisation empor, und an diesem Baue hat auch
jeder Einzelne sich betheiligt, und so muss auch nothwendig der
persönlichen Meinung freier Spielraum gelassen werden; damit einerseits der Fortschritt nicht lahmgelegt werde, und anderseits auch damit das Bestehende nicht als blos künstlich unterhalten erscheine,
und die Achtung gänzlich einbüsse. Denn nur was dem Menschen
allgemein Achtung einflösst, dass muss vom religiösen Bewusstsein
wohl nothwendig als im Gotteswillen liegend angesehen werden, da
es auf andere Weise doch den göttlichen Willensinhalt unmöglich
erfahren kann, und jeder Leitfaden, sich in Relation zur Gottheit zu
bringen, für dasselbe verloren geht, was doch dem religiösen Bewusstsein seiner Natur nach, für die Wahrheit jeder Bestimmung
die Ultimo - ratio zu anticipiren, durchaus nothwendig ist. Wohl ist es
zu vermuthen, dass bei Theologen, welche nur vom Standpunkte
ihrer Confession die Religion betrachten, die eben geäusserte Offen-
barungsdefinition heftige Aufechtung finden wird, denn die christlichen Missionäre werden fragen : Demnach wäre der Buddhaismus, das
Judenthum und der Islam auch der Gotteswille? und eben dieselben
Fragen werden wahrscheinlich die Priester dieser Confessionen im
Gegentheil in Bezug auf das Christenthum zu stellen nicht versäu-
men. Darauf will ich aber erwiedern : Ja, ihr Herrn Pastoren! euch
liegt es ob, euere Heerden zu hüten; ihr müsset somit selbst in der
Religion das Mein und Dein festhalten. wozu aber die unbefangene
Forschung, welche die Religion ihrer Idee nach zu betrachten hat,
keineswegs gehalten sein kann, zumal kein anderer als Moses, der
Heros unserer aller, es war, der selbst den Zabäismus, als der damaligen
Culturstufe der Völker angemessen, im göttlichen Willen liegend,
betrachtet hat. Sagte er doch (*Deutr.*) in Bezug auf den Zabäismus
ausdrücklich : אשר חלק ד' לכל העמים also vindicirte er den göttlichen
Willen relativ selbst schon für diese niedrige Confession; denn das
wahre religiöse Bewusstsein hat doch kein anderes Medium den göttlichen
Willen zu gewahren, als durch die Identification desselben mit dem ge-
meingültigen und epochemachenden Culturinhalt. Die vom religiösen Bewusstsein behauptete Offenbarungslehre, als göttliche Willensmanife-
station, ist somit selbst für die religiöse Erkenntniss hinlänglich
gerechtfertigt. Allein zu bedauern ist es nur, dass diejenigen, deren
Blick über das Niveau ihrer Culturepoche nicht reicht, gewöhnlich

einen Uibergriff in der Identification machen. So identifciren
sie ihren öffentlichen Culturinhalt nicht nur mit dem Gotteswillen,
welcher doch auch fortschrittlicher Natur zu denken ist, der sich bezüglich der Menschheit, relativ ihrer Umstände und Verhältnisse, manifestirt; sondern sie vindiciren für denselben auch die Gotteswe-
senheit, welche absolut ewig und unveränderlich gedacht werden
muss. Dieser Uibergriff hatte jedoch seinen Grund nicht in der
Natur des religiösen Bewusstseins, sondern er wurzelt nur in der
Beschränktheit derer, die ihren Culturinhalt als das Non plus ultra
sich denken, und es führt darum dieser Uibergriff das Uibel mit
sich, dass diejenigen, die ihn machen, selbst unerlaubte Mittel er-
greifen, um ihren Culturinhalt als unverletzbaren göttlichen Willen
zu beurkunden, und ihn schriftlich festzustellen, Es darf demnach
nicht wundernehmen, das zu einer Zeit, wo die schriftliche Aufzeichnung einer Lehre oder Begebenheit, als Verewi-
gung derselben noch galt, diejenigen, welche von ihrem Culturzustand noch völlig umfasst gewesen sind, und einen höheren Culturinhalt als den ihrigen noch gar nicht ahnten, auch eine
Streben hatten, denselben, welcher bereits ohne dies vom religiösen
Bewusstsein, als mit dem göttlichem Willensinhalt identisch betrachtet wurde, als wäre er bei gewisser Revelation thatsächlich
dem Munde Gottes entflossen, schriftlich documentarisch darzustellen. Dagegen diejenigen, welche in ihrem Culturinhalte nicht
mehr das *Non plus ultra* erblickten, und überhaupt die Menschheit
als fortschreitend sich dachten, obschon sie ebenfalls ihren Culturinhalt mit dem Inhalte des Gotteswillens identificirten, da sie jedoch
bloss relativ den Zeitverhältnissen ihrer Epoche diese Identification
machten, hatten ihrer Seits blos das Streben, ihren Culturinhalt
traditionell nur zu erhalten, jedem Abschluss desselben aber möglichst
entgegenzutreten; damit bei einem künftigen Umschwunge der Verhältnisse derselbe höchstens als Basis für die neu eintretende Cultur
diene, nie aber für dieselbe zu einem Stein des Anstosses werde. Der
Conflikt zwischen dem Schriftthume und der Tradition, der fast bei
allen Religionen sich zeigt, hat demnach seinen Ursprung gewöhnlich in dem von Seiten der Progressisten erhobenen Proteste wider
den Abschluss des öffentlichen Culturinhaltes im Schriftthume. In
dem Masse aber, als das Schriftthum mehr und mehr sich im religiösen Bewusstsein festsetzt, verliert sich auch die Traditionslehre
lediglich in eine Interpretation des Schriftthums und erlangt erst

recht die Macht, die neue Culturstufe herbeizuführen, wodann auch die
Stationären ihrer sich bemächtigen, um auch sie dem Schriftthume gleichzustellen und stereotyp werden zu lassen. Es wäre mir
ein Leichtes, den Conflict zwischen Schriftthum und Traditionslehre fast bei allen uns bekannten Confessionen nachzuweisen,
würde dieser Nachweis mich nicht zu weit vom eigentlichen Thema
ableiten; ich will daher nur die Geschichte meiner eigenen Confession in
Erinnerung bringen, und man wird einsehen, dass die besagten Facto-
ren fast durch die sämmtlichen Geschichtsphasen derselben einander befehdet haben.

Gleich bei der Entstehung der Pentateuchschrift, die theils von
verschiedenen Gelegenheitschriften wie z. B. ‏כפר המלחמית ספר הישר‏,
‏תורת אלהים תורה כהנים ספר מפהט המלוכה‏ und theils von mehrfachen Genealogien, Volksliedern, Sagen, Psalmen und sonstigen Documenten und
Chroniken, welche in den Archiven der Stämme sich vorfanden, und
die bisweilen nicht nur verschiedener, sondern auch entgegengesetzter
Tendenz waren, redigirt wurde, war gegen diese Compilatur von seiten der erleuchteten Patrioten an deren Spitze der Prophet Jeremia
stand, Protest eingelegt worden, wie man dies im §. 8, wo ich über den
Pentatench zu sprechen komme, ersehen wird. Späterhin waren es
keine anderen als ‏זרובבל‏ und ‏יהושע‏ der Hohepriester, welche durch die
Pentateuchsammlung, deren Entstehungsart ihnen nicht unbekannt
war, sich in ihren patriotischen Bestrebungen gar nicht beirren liessen,
wogegen das Esraische Streben umgekehrt dahin ging, dieselbe mit
aller Gewalt als unabweichbare Norm in das israelitische Bewusstsein festzusetzen. In der folgenden Epoche der Sophrim spitzte sich
gedachter Protest gegen das Schriftthum zu einer Interpretation desselben zu, wo der Gegensatz zwischen schriftlicher und mündlicher
Lehre offen hervortrat. Darauf wurde dieser Gegensatz in den folgenden Epochen zum Zankapfel zwischen Zadukäern und Pharisäern,
ein Zank und Hader, der bis zur Zerstörung des Tempels andauerte.
Nach der Tempelzerstörung that sich wiederum das Streben der
Patriarchen ‏נשיאים‏ kund, die Traditionslehre abzuschliessen, um den
damaligen Culturzustand in dieser Weise zu stereotypiren, und Rabbi
Jehuda der Nasi war es, der die Mischna zu codificiren suchte, und
zum Abschluss bringen wollte, wogegen Rabi Chia und Bar Kapara
und Babbi Oschia Raba eifrig auftraten, und apokryphe Mischnajot
sammelten, die ‏ברייתות‏ genannt wurden. Dann in der Zeit der ‏גאונים‏
waren es die Karaiten, welche mit einem Schlage die ganze Tradi-

tionslehre zu beseitigen strebten, indem sie behaupteten, dass nur
die schriftliche Lehre, die man nicht vermöge der 13 und 49 Midot,
sondern einfach literär auszulegen habe, massgebend sei, wodurch in der
israelitischen Confession die ewige unselige Spaltung הקראים אינם מתאחין
herbeigeführt wurde. Selbst in der Blüthe der spanischen Epoche,
war es nicht etwa Maimonides, welcher dem Judenthume den damaligen Culturzustand auf die Ewigkeit anbinden wollte? Stellte er
doch die Unabänderlichkeit der Thora zum Dogma auf, und schrieb
einen Codex für ewige Zeiten! Und die Pentateuchschrift, war
ihm etwa dieselbe nicht die Lehre, welche fix und fertig in der ara-
bischen Wüste entstanden ist? Maimonides war somit trotz dem
dass er gegen die Karaiten ankämpfte, im Grunde selbst nur der
Karaite, und unterscheidet sich von ihnen nur hierin. dass die
Karaiten bloss die biblischen Institutionen fest für die Ewigkeit
gestellt wissen wollten, während Maimonides den ganzen israelitischen
Culturinhalt seiner Zeit zu petrificiren strebte. Dieser Philosoph, der
wahrlich den Namen des israelitischen Aristoteles mit Recht verdient,
stand somit bei aller seiner Philosophie nicht höher, als seine Zeitcultur.
So wollte er das biblische לעולם ברם תעבודו auf ewig dem Judenthum
anbinden, und stellte in seinem Codex das המשתחרר עבדו עובר בעשה
als feste Regel auf. Wie möchte er aber in Erstaunen versetzt sein, wenn
er aus dem Grabe nun hervorstiege, und wahrnähme, dass dermalen
selbst der gemeinste Israelite den Negern die freie Persönlichkeit
nicht mehr versagen wird. So ergeht es aber immer denen, welche
den göttlichen Willensinhalt in Absicht auf die Menschheit absolut
zu erkennen vermeinen, sie legen Vergänglichem Ewigkeit bei, und
bleiben somit vom heidischen Schutt אבק ע"י immer nicht frei. Anderen
Sinnes aber war schon Aben Esra, sein kritischer Geist reichte bereits
über seine Culturepoche hinaus. Die Pentateuchschrift war ihm daher
ein aus verschiedenen Sagen, Erzählungen und Institutionen, die in
das israelitische Nationalleben nach und nach sich entwickelt haben,
gesammeltes und redigirtes Werk, welches den damaligen Culturzustand treu darstellt, und daher in Bezug auf Israel, relativ seiner
Lage den göttlichen Willensinhalt offenbart, wie meines Erachtens auch jeder Culturinhalt solchen offenbart. Späterhin spie-
gelte sich der Streit zwischen Tradition und Schrift in der Form
von exitorischer נגלה und essetorischer Lehre חכמה נסתרה ab. Und
selbst im vorigen Jahrhunderte noch war es kein Anderer, als Men-
delssohn, der grösste Israelite seiner Zeit, der in seiner Schrift, Jeru-

salem, von einem seitens Israel am Fusse des Berges Sinai mit der Gottheit eingegangenen Vertrage geträumt hat, und glaubte kraft desselben uns den ganzen Ceremonienplunder ewiglich aufnöthigen zu können. Auch dessen Richtung ist somit gleich der des Maimonides vom heidnischen Getzenstaube אבן עקרא nicht freigeblieben, und sie führte natürlich die für Israels Geschichte so traurige Friedländerische Epoche herbei, bis endlich unser Nestor, der hochzuverehrende Dr. Zunz und mein in Gott ruhender Vater, Nachmann Krochmal, kommen mussten, · um nachzuweisen, dass der israelitische Culturinhalt, wie jeder andere, im Laufe der Zeiten sich entwickelt hatte. Besonders war es Letzterer, der durch eine Reihe von Jahren in echt griechischer Weise aus allen Enden des Ostens viele Jünger um sich versammelte und gastfreundlich bewirthete, um auf Spaziergängen in der schönen Gegend von Żolkiew denselben von der israelitischen Religion ausgehend, wahre Erleuchtung nach allen Branschen des menschlichen Wissens zu geben, indem er gewöhnlich mit biblischer Exegese und Kritik zu beginnen pflegte, um dann auf den Talmud überzugehen, und endlich philosophischen Boden zu erreichen. In Voranhaltung des bis nun Besagten wird man wohl nicht verkennen, dass in der Religion, soweit sie auf der Geschichte basirt, auch ich auf rein traditionellem Boden stehe, und als Bekenner der israelitischen Religion, habe auch ich den Gott Abrahams, Isaaks und Jacobs, indem ich mir social traditionell bewusst bin, zu welcher hohen Sittlichkeit unsere Patriarchen gelangt sind, durch das zuversichtliche Vertrauen auf der allerhöchste Wesen, und wie viel Gutes und Erspriessliches ihr frommer Lebenswandel für die Gesittung ihrer Nachkommen wirkte, und dies ist mir ein Beweis, dass sie wirklich Gnade vor dem Willen des Ewigen fanden. Ebenso können mir die geringfügigsten Ceremonien beachtungswerth sein, nicht nur als heilige Vermächtnisse unserer Väter, sondern auch weil sie unseren Vorfahren als Mittel zur Hebung der Sittlichkeit und des Gottesbewusstseins dienten, und in so lange sie öffentlich noch nicht abgestellt sind, bleiben sie immer noch in der öffentlichen Vernünftigkeit inbegriffen, deren Inhalt für den Menschen den göttlichen Willen repräsentirt. Mein religiöses Bewusstsein unterscheidet sich somit nur hierin, dass ich es wahrlich als sündhaft betrachte, das höchste Wesen in Scene zu setzen. Daher gibt die Ausdrucksweise des Biblisten, welcher beim Niederschreiben der mosaischen Institutionen und der Citirung der von den Patriarchen ge-

hegten Hoffnungen und Wünsche, welche in der Nation lebten, und
somit als wirklich in dem göttlichen Willen und der Gottesverheissung
liegend angesehen waren, das höchste Wesen dramatisch einführt,
für mich, der ich längst hinter den Coulissen stehe, gar keinen Grund
ab, die Offenbarung anders als in gegebenem Sinne zu lehren. Uiberhaupt erachte ich es נכון schon an der Zeit, dass gleich anderen
Wissenschaften, so auch die Theologie nicht mehr deductiv, sondern
inductiv nur gelehrt werde, und anstatt antropophormistisch zu schildern, wie von Zeit zu Zeit das höchste Wesen, auf dem Cherabge-
spanne einherfährt, um den Menschen sich zu offenbaren, es nun bei
weitem mehr Interesse der Religion sei, zu zeigen, wie der Mensch
vermöge seiner religiösen Erkenntniss zu der Idee des
höchsten Wesens und seinem Willensinhalt sich erhebt.

§. 7.

Definition der Prophetie.

Spinoza und Lessing haben den Prophetismus wohl als Thatsache zugegeben, ohne jedoch eine Definition über denselben uns
zu liefern; ich bin daher Willens mit gegenwärtigem Paragraphen
darzuthun, wie das aufgeklärte religiöse Bewusstsein sich denselben
zu denken habe. Dass zwischen dem Weisen חכם und einem Propheten
נביא ein Unterschied obwalte, muss wohl Jedermann einräumen. Der
Weise führt, damit man seinen Lehren Glauben beimesse, für dieselben Beweise, und beansprucht nur, dass man letztere in Erwägung
ziehe, ob sie in Wahrheit erstere begründen. Nicht so der Prophet,
dieser tritt als Gottesbote auf, und prätendirt für seine Lehren die
Beherzigung, weil sie von Gott, dem Quell der Wahrheit, kommen,
indem er spricht: Für meine Mission geben die Wunderthaten, die
ich da verübe, Zeugniss. Dieses verschiedene Auftreten beider gab
in der Auffasung des Prophetismus zu mehrfachen Irrthümern Anlass. Die Einen meinen, dass der Prophet eine verschiedene Wahrneh-
mungsweise als die der gewöhnlichen Menschen gehabt haben musste,
so z. B. während unser Begreifen diskursiv ist, dürfte das des Propheten intuitiv gewesen sein. Dieser Meinung zufolge stünde der
Prophet im Range höher als der Weise. Andere wiederum meinen
im Gegentheil, חכם עדיף מנביא der Prophet stehe dem Weisen
nach. Diese letzteren waren der Meinung, dass der Prophet zum

Medium seiner Wahrnehmung bloss die Phantasie und den Instinkt gehabt hätte, und scheinen somit nur die Prevoyance, die ein normaler Zustand, mit der Clairvoyance, welcher ein pathischer ist, zu verwechseln. Auch einer dritten Ansicht will ich Erwähnung thun. Diese meint : Da der Prophet doch als Wunderthäter sich ausgab, was nichts anderes heisst, als dass er vorgab, den Naturverlauf stören zu können, in Wahrheit aber die Ex- machina- Störung im Naturgange unmöglich ist, derselbe entweder ein Betrüger nur, der um seine Sendung glaubhaft zu machen, physikalischer Mittel sowohl, als Kunstgriffe sich bedient hatte, oder ein betrogener Betrüger gewesen sein musste, welcher, den unverbrüchlichen Naturverlauf ignorirend, sämmtliche Naturgeschehnisse als von Fall zu Fall vom Deus- ex- machina verursacht, betrachtet hatte. Ich möchte auf diese in der Alternative letzt gedachte Annahme, die Aufmerksamkeit des Lesers besonders lenken, da solche die des Renan bekannte Beschönigung ist ; so man sie des Phrasenschmuckes entkleidet, im Grunde auf dieselbe hinausläuft. Allein mit einer Beschönigung wie die, welche die Propheten und selbst den Heiland inbegriffen zu Ignoranten, und selbst betrogenen Betrüger stempelt, mag vielleicht noch dem Christenthume, das die Religion par excellence ist, und schon- völlig in der Schönheitsidee stehet, zum Theile gedient sein ; dem pfiffigen Judenthume, dem zum Heile echte Prävoyance, wahrhaftes Gute, erforderlich ist, ist mit einer solchen Beschönigung durchaus nicht gedient. Aber zum Glücke für die Wahrheit braucht eben derjenige, welcher die Sprache der Propheten in ihrer Mundart versteht, all diese gedachten Meinungen von denselben nicht zu hegen, und dessen religiöses Bewusstsein hinsichtlich der Propheten kann völlig unangetastet bleiben, selbst wenn er einen unverbrüchlichen Naturverlauf zugibt, wie ich nachstehend eben zeigen werde. Nur möchte ich zuvörderst noch folgende Fragen aufwerfen : Wie wir wissen, gehören doch übernatürliche Wunder ins Reich der Fabel, auf welche Weise also verspürte ein Jesaias den Muth, den König Achas aufzufordern, ein Wunder am Himmel oben, oder ein solches in der Erdentiefe von ihm zu verlangen ? Ferner sagte doch Moses (Deutr. 13.) ausdrücklich wie folgt : So es aufsteht in deiner Mitte ein Prophet oder ein Träumer (Visioneur), und gibt dir ein Zeichen oder ein Wunder, und es trifft ein das Zeichen oder das Wunder, welches er dir gesagt, er spricht aber : Lasst uns doch anderen Mächten folgen; höre nicht auf die Worte dieses Propheten etc. demnach ist also das Wunder unmassgebend; ferner aber werden (Deutr. 18) folgende Verse citirt: Jedoch der Prophet, der freveln wird in meinem Namen zu reden, was ihm nicht geboten, zu prophezeien, oder reden wird im Namen fremder Götter, selbiger Prophet soll sterben. Und so du sprichst in deinem Herzen: Wie sollen wir erkennen das Wort, welches der Ewige nicht geredet hat? Was der Prophet reden wird, und diese Verheissung wird nicht geschehen, und trifft nicht ein, das ist das Wort, welches der Ewige nicht geredet. Nun setzen wir z. B. den Fall, der Prophet rathe im Namen Gottes, wie Samuel wirklich gethan, einem Fürsten ab, und den anderen einzusetzen; dieser Prophetenrath widerspricht doch der Religion nicht, und wir wollten darüber ins Klare kommen, ob der Ewige denselben verheissen hat; so würden wir doch keineswegs zur Erkenntniss gelangen, ob wir diesem Propheten zu gehorchen haben, oder nicht, schon dadurch. weil doch von vorn herein die Handlung der Absetzung von uns verlangt wird, und es muss folglich der letzt angeführte Vers ולא יהיה הדבר ולא יבא bloss auf das Wunder, welches der Prophet zum Beweis und zur Bestättigung des überbrachten Auftrages vorherverkündet, Bezug haben, woraus freilich hervorgeht, das bezüglich solcher Weissagungsthemate, welche der mosaischen Religionsverfassung nicht widersprechen, das eingetroffene Wunder doch massgebend zu sein habe, und die Frage entsteht: ist das Wunder als Beweis hinreichend, warum sollte es nicht auch gegen die Verfassung selbst beweisen? Aber man wolle nur zuförderst folgenden zwei Reden der Propheten Aufmerksamkeit schenken, und helles Licht wird über den Prophetismus und die Propheten aufgehen. Lese man Jesaia 6., welches wahrscheinlich dessen Debutrede abgibt, und sie lautet in der gewöhnlichen Uibersetzung wie folgt: Im Todesjahre des Königs Usijahu sah ich den Herrn אדוני sitzend auf einem Throne, hoch und erhaben, seine Schleppen füllten den Tempel, Seraphim standen ihm zur Seite, sechs Fittige hatte jeder etc. Da erbebten die Säulen vor der rufenden Stimme, und das Haus füllte sich mit Rauch, da sprach ich: Wehe mir, denn ich bin verloren (אוי לי כי נדמיתי!) denn ein Mann unreiner Lippen bin ich, und' inmitten eines Volkes unreiner Lippen wohne ich כי איש טמא שפתים אנכי ובתוך עם טמא שפתים אנכי יושב und den König den Ewigen Zebaoth schaueten meine Augen. כי את המלך ה' צבאות ראו עיני Da flog zu mir einer der Seraphim, und in seiner Hand war eine Glühkohle, mit der Zange nahm er sie vom Altare, und er liess

sie berühren meinen Mund, und sprach: Siehe! berührt hat dies
deine Lippen, nun entschwindet deine Schuld, und deine Sünde ist
gesühnt. Da hörte ich die Stimmen des Herrn, sprechend: Wen soll
ich senden? und wer wird gehen für uns? Und ich sagte: Hier bin
ich, sende mich! So interpretirten fasst sämmtliche Commentatoren,
und mit ihnen auch der Talmud, diese Verse, ohne das die Schwierigkeit ihnen entging, dass man gemäss dieser Interpretation noch
immer nicht erfährt, womit eigentlich der Prophet sündigte,
dass er die brennende Kohle als Fegfeuer zur Reinigung bedürfte?
Ebenso ist laut dieser Interpretation nicht einzusehen, warum, als der
Prophet die Gottheit schauete, er gerade der Unreinheit der
Lippen wegen fürchtete, verloren zu sein? Und wozu er überhaupt
des Volkes Lippenunreinheit Erwähnung that, welcher doch mit dem
Anlegen der Kohle an des Propheten Mund nicht gesteuert wird?
Oder solle man mit dem Talmud wähnen, es liege die Sünde des Pro
pheten eben darin, dass er Israel, ein Volk unreiner Lippen schalt,
als ob ein Jesaia in falscher und pfäffischer Demuth den Volkstross
höher als sich selbst stellen sollte. Aber wozu der Widerlegungen,
so der einfache Sinn der Rede von den Interpreten nicht verstan-
den wird? Offenbar hat die Rede nur folgenden Sinn. Nachdem Jesaias in dichterischer Phantasie die Gottheit verkörperte, dass er selbst
die Schleppen derselben beschrieb, erschrack er über den Frevel, den
er durch dieses Antropomorphisiren des Allerhöchsten beging, und
ief: Wehe mir! dass ich so phantastisch mich ausdrücke; denn
ein Mann unreiner Lippen (sündhafter Redensart) bin ich, und unter einem Volke unreiner Lippen weile (ich zu welchem leider! man auch
in einer der Erhabenheit des Gegenstandes würdigeren Sprache nicht
sprechen kann), denn den Ewigen, den Herrn der Heerscharen, sahen
meine Augen! Dann aber wollte der Prophet in Anbetracht der heiligen Mission, der eben eine solche glühende und poetische Sprache
erforderlich ist, sich der Sünde der Antropomorphose gesühnt wissen, und er erzählte wie einer der Seraphim (andeutend die heilige
Mission) mit der Glühkohle (hinweisend auf die glühende Sprache
der Poesie) auf ihn zukam, und mit derselben seinen Mund berühr-
te, ihm sagend: Deine Schuld ist abgethan und deine Sünde wird
gesühnt (nämlich da du in heiliger Sendung gehst, darf man dich
der Sünde der Antropomorphose nicht zeihen, indem der Ewige es
ist, עת לעשות ל׳ד, משים der dir diese glühende Kohle, die gluthvolle
Sprache der Poesie in den Mund legt. Ist nun der Redesinn des

Propheten eben besagter, wie er in Wahrheit auch kein anderer
sein kann, so stellt sich als Resultat heraus, dass wie der Dichter,
ebenso auch der Prophet frei und wissentlich die poetische Form
wählte, so dass er keineswegs die Erscheinung, sondern das Ge-
wusste, in der Form einer Erscheinung verkündet. Ein ähnliches
Ergebniss wird sich uns darthun, so wir die Rede Amos (Kap. 3).
mit Verständniss lesen. So spricht derselbe: הילכו שנים יחדיו Gehen zwei
zusammen ohne sich vorher bestimmt zu haben. אריה ביער וטרף הישאג
אין לו: Brüllt der Löwe im Walde wenn kein Raub er hat? אם לכד
היתן כפיר קולו ממעונתו בלתי Erhebt ein junger Löwe aus der Höhle
seine Stimme, wenn keine Beute er hascht? היעלה פח מן האדמה וגו'
Erhebt vom Boden sich die Schlinge, wo kein Fang geschieht? היפול
צפור על הארץ ומוקש אין לו Fällt ein Vogel gefangen zur Erde, wo
keine Schlinge ist? אם יתקע שופר בעיר ועם לא יחרדו Ertönt in der Stadt
die Posaune, und das Volk eilt nicht bestürzt herbei? וד' לא עשה
אם תהיה רעה בעיר Wird denn ein Unglück in einer Stadt geschehen
so die göttliche Waltung es nicht herbeigeführt? כי לא יעשה ד' דבר כי
אם גלה סודו אל עבדיו הנביאים Dass nicht der Ewige etwas vollbringt,
es sei denn sein Rathschluss enthüllt seinen Dienern, den Propheten? אריה שאג מ' לא יירא ד' דבר מי לא ינבא So der Löwe gebrüllt hat,
wer würde nicht fürchten? Der Ewige sprach, wer mag seine Rede nicht verkünden? Aus diesen angeführten Stellen geht hervor,
dass mit der ersten Frage der Prophet allgemeinhin auf den Connex
von Ursache und Wirkung hinweist, indem er fragt, gehen denn
zwei (Dinge) bei einander, ohne dass unter denselben eine gewisse
Relation obwaltet? Dann führt er zur Erläuterung Beispiele an,
dass der menschliche Verstand sowohl von der Wirkung auf die
Ursache, als von der Ursache auf die Wirkung schliesst, welche
Verkettungsreihe die Einheit der Erfahrung für dieselben bildet, um so
alles Geschehene auf das Prinzip der unfehlbaren göttlichen Thätigkeit zurückführen zu können, dann kommt die Schlussfolge, demnach
ist es wohl kein Wunder, dass der Ewige nichts geschehen lässt,
wovon seine Diener, die Propheten, nicht im Stande wäre zu begreifen den Geheimgrund (denn bei ihrer hohen Begabung schliessen
sie folgerichtig, und das ist ihre göttliche Inspiration.) Somit gibt
Amos, der Prophet selber, es kund, dass dem Weisen gleich, auch
er nur vermöge des Causalitätsgesetzes schliesst, und wir bekommen
sonach das Resultat, dass die Wahrnehmungsart des Weisen und die
des Propheten eine und dieselbe ist, und der Unterschied zwischen

beiden nur in ihrer Mittheilungsform liegt; dass nämlich der Weise bei der Mittheilung seines Erfahrungsinhaltes zugleich auch nachweist, wie er zu demselben gelangt ist, und dafür nur dann Gültigkeit beansprucht, inwiefern der gelieferte Beweis darauf Anspruch
machen kann; wogegen der Prophet, als praktischer Staatsmann, den
Erfahrungsinhalt, der aus dem Quell der Wahrheit ihm floss, nur
als Resultat mittheilt. Zur poetischen Form aber gehört es, dass er
in seinen Reden die Gottheit sprechend einführt, und er war stets
auch dieser Form sich bewusst, und wie bereits erwiesen, hat er
auch vor Andern gar kein Hehl daraus gemacht, dieselbe gewählt
zu haben. Demgemäss dürfen wir den Propheten deshalb, dass er in
seinen Reden die Gottheit sprechen liess, der Lüge nicht beschuldi-
gen, wie wir derselben den Dichter nicht zeihen, wenn er in seinem Gedichte die griechischen Götter redend einführt, da es gleich
dem Dichter, dem es um Hervorbringung des Effectes zu thun ist,
auch dem Propheten darum zu thun war, auf die Gemüther der Menschen zu wirken. Der Prophetismus ist somit erhellt, und es bleibt
nur das Dunkel zurück, welches über den prophetischen Wunder ruht.
Aber auch dieses muss schwinden, so man einsieht, dass im
Sinne der israelitischen Theologie selbst die Wunder keineswegs
als Zeugniss für die prophetischen Lehren und Rathschläge galten
weil man nach der citirten mosaischen Anordnung, den Rathschlägen
der Propheten, so sie der mosaischen Verfassung zuwiderlaufen, keinen Gehorsam leisten durfte, selbst wenn die Wunder richtig eintra-
fen; sondern das vorher bestimmte und dann eingetroffene Wunder zeigt
nur für die Capacität des Propheten, dass er nämlich ein Mann von
aussergewöhnlicher Begabung, und in den Naturwissenschaften erfahren sei, von welcher die grosse Menge zu erfahren noch keine Gelegenheit fand. Stand aber der Prophet auf dem Boden der Verfassung, und
wirkte in und für dieselbe, da hatte das bestätigte Wunder den Beweis von
seinem höheren Bildungsgrade dem Volke geliefert, welches nun seinem
Rathe, als dem eines weisen Rathgebers, um so williger folgen konnte.
Demnach war der Prophet nichts Anderes, als ein sehr begeisterter Patriot,
welcher zur Veredlung seines Volkes mittels seiner oratorischen Talente
wirkte, um es zu guten und edlen Handlungen und patriotischer Opferwilligkeit zu ermuntern, wie von mancher Unsitte abzuschrecken, und in
der Politik manches gut zu heissen und manches zu verwerfen. Somit ist der Prophetismus mit dem staatmännischen Parlamentarismus
beinahe identisch, und so war es auch wirklich, wie ich in der

Folge zeigen werde, im Sinne Moses, anfänglich nur einem solchen Propheten - Parlamente die ganze Leitung, sowol die staatliche als die religiöse anzuvertrauen; allein es muss noch Vieles vorangeschickt werden, um die nun geäusserte Behauptung erweisen zu können. Ich bin daher Willens, nachdem die Begriffe der Manifestation und Prophetie definirt, und für die religiöse Erkenntniss gerechtfertigt wurden, zunächst zur Prüfung der auf uns überkommenen Pentateuchschrift überzugehen, vielleicht wird nachdem ich über dieselbe Kritik gehalten haben werde, sich ein neues geschichtliches Fundament uns ergeben, worauf man eine höhere Religionsgestaltung für das Judenthum würde fundiren können.

§. 8.

Der Pentateuch in der Form, wie er jetzt uns vorliegt, ist nicht von Moses selbst, sondern von einer späteren Redaktion geordnet worden.

Werfen wir einen Blick auf die Pentateuchschrift insgesammt, so müssen wir nothwendig überzeugt werden, dass sie in der Texturung und Anordnung wie sie nun uns vorliegt, unmöglich von Moses herrühren kann; denn erstens spricht dieselbe von Mose in dritter Person, und ist voll Lobeserhebung gegen ihn, wie z. B. im Verse: והאיש משה עניו מאד Und der Mann Moses war sehr bescheiden. Zweitens, wird am Schlusse der Schrift auch erzählt, wie Moses starb, und von den Israeliten betrauert wurde. Aber auch abgesehen von diesem Beweise, machen viele Verse dieser Schrift gar kein Hehl daraus, dass der Abfasser derselben weit späterer Zeit als der des Moses angehört. So zeigt (Genes. 12, 7) והכנעני אז בארץ „Und der Canaaniter war damals im Lande", dass zur Zeit als dieser Abschnitt abgefasst wurde, der Canaaniter nicht mehr anwesend in Palästina war. Ebenso zeigt der Vers (Genes. 22, 14.) אשר יאמר היום בהר ה' יראה dass der Aufschreiber dieser Legende schon in Palästina lebte, als man bereits zum Berge Moria wallfahrtete. (vergl. Chabakuk קול ה' לעיר יקרא ותושיה יראה שמך Psalm 115 יראי ה' הקטנים עם הגדולים) In ähnlicher Weise zeigt die Uiberschrift über die Regententafel der Edomiter (Genes. 36, 31.) die lautet: ואלה המלכים אשר מלכו בארץ אדום לפני מלך מלך בישראל Und dies sind die Könige, die regiert haben im Lande Edom, bevor ein König in Israel regiert hatte, dass die se Regententafel erst niedergeschrieben wurde, als auch Israel schon monarchisch war. Desgleichen beweist der Vers (Genes. 14.) עמק השוה היא עמק המלך dass bei Abfassung dieses Schriftstückes das Thal Schawe schon den Namen Königsthal geführt hatte. Ebenso auch zeigt (Deutr 3, 11. הנה ערשו ערש ברזל הלא היא ברבת בני עמן) dass lange nach Og, dem König von Baschan, der Verfasser dieses Dokumentes lebte, indem der angeführte Vers aus der antiken Bettstelle nur, die im Museum der Ammoniter Residenz aufbawahrt wurde, das Längenmass des Og erweist. Ferner lautet die Aufschrift am Eingange zu Detr. אלה הדברים אשר דבר משה בערבות מואב בעבר הירדן במדבר welche offenbar aussagt, dass der Abfasser schon in Palästina stand. Er bezeichnet nämlich die Wüste als jenseits des Jordan gelegen, wogegen im Mund e Mo- ses, der in der Wüste war, eine solche Ortsbezeichnung durchaus unrichtig wäre, denn für denjenigen, der in der Wüste steht, bildet Transjordan doch nur Palästina nicht die Wüste. In gleicher Weise konnte auch Vers אז יבדיל משה שלש ערים בעבר הירדן את בצר במדבר Moses nicht geschrieben haben, da wie gesagt, er in der Wüste weilte und diese somit für ihn Cis- und nicht Trans- Jordan lag, wie in den von Moses citirten Reden der Ausdruck Transjordan auch immer nur auf Palästina sich beziehet, z. B. (Deutronomen 3, 20.) וירשו גם הם את הארץ אשר ה' אלהיכם נותן להם בעבר הירדן Ferner deutet Vers (Deutr. 3, 14.) ויקרא אותם על שמו את הבשן חות יאיר עד היום הזה dass der Chronist, der diesen Vers schrieb, schon in einer weit späteren Periode gelebt hat, als die Benennung der Weiler sich zu- getragen hatte, und er machte daher die Anzeige, dass dieselben wirklich bis auf den heutigen Tag diesen Namen Chawas· Jair erst in Folge des Jair Hagiladi, des Richters, führten. Der erst zwei Generationen nach dem Richter Gideon das Richteramt antrat (vergl. Richt. 10.). Ebenso ist es unmöglich zu verkennen, dass der Bileam Abschnitt eine weit jüngeren Datum als dem des Moses angehört; denn abgesehen dass in demselben der Ausdruck וירם מאגג מלכו vorkommt, ein Ausdruck, der sicherlich auf den Sieg des Königs Saul über Agag Bezug hat, kommt in dem- selben auch der Vers וישא משלו ויאמר אוי מי יחיה משמו אל vor, der gar keine Deutung zulässt, wofern man nicht zu einer Variante in der Septuaginta Zuflucht nimmt, die lautet: וירא אנג וישא משלו ויאמר und es wird demgemäss, (wie Rabbiner Dr. Geiger schon bemerkte, dass ursprüng- lich die Worte משמו אל zusammen ein Wort bildeten), diese Stelle so gelautet haben: וישא משלו ויאמר אוי מי יחיה משמואל וירא אגג mithin wird in diesem Verse des Pentateuchs des Betragens Samuels wider Agag selbst namentlich schon erwähnt. Ferner möge man die Stelle (Deutron. 33, 7.) nicht unbemerkt lassen, die lautet: שמע ד' קול יהודה ואל עמו תביאנו und somit genügend beweist, dass als dies gedichtet wurde, der Stamm Jehuda von den anderen zehn Stämmen schon gesondert war. Der Dichter sprach somit seinen tief gehegten Wunsch als flehenden Segen aus, indem er betet: „O Ewiger! Erhöre die Stimme Jehudas, auf dass du zu seinem Volke ihn bringest, und durch dessen Arme, die so mächtig sind — Eine Anspielung auf dessen geographische Lage— du demselben Stütze wider seinen Feinden werdest. Und sollte selbst mancher stützig in den Worten ואל עמו תביאנו den Einigungswunsch von Jehuda mit den Stämmen nicht erblicken wollen, so wird er wenigstens gestehen müssen, dass in demselben der Wunsch für Jehudas Suprematie ausgedrückt ist, und es liegt darum der Beweis nicht minder zu Tage, dass der mosaischen Periode diese Dichtung nicht angehört. Ebenso möge man Vers 20 dass. beachten, welcher lautet: ברוך מרחיב גד וגו' וירא ראשית ל dem meines Erachtens kein anderer Sinn beigelegt werden kann, als dass der Stamm Gad es gewesen ist, der seinen Landesantheil im voraus sich gewählt hat; denn vom Gesetzgeber noch war derselbe ihm reservirt worden, mit der Bedingung, dass er im Kriege in den Vorderreihen einherziehe, wie er auch die ihm gestellte Bedingung erfüllt, und dem Rechte entsprochen hat. (vergl. Josua 22, 23.) Es zeigt demnach auch dieser Vers dass er lange nach Mose gedichtet ist. Uiberhaupt muss ein forschender Kritiker aus diesem Segen ersehen, dass derselbe bereits nach geographischer Lage der Landesantheile der Stämme, die in der Dichtung den Gliedern eines thierischen Körpers verglichen wurden, gedichtet ist. — Bekanntlich sahen die Dichter im Landesantheil des Menasche den Schädel, und· in dem des Ephraim den Kopf, den Hals in dem des Benjamin, und in dem des Jehuda die Arme und Hände, und endlich den Fuss indem des Ascher —. Nicht minder zeigt die Phrase im Segen des Jacob עד כי יבא שילה ולא יקהה עמים dass dieser ebenfalls ein Erzeugniss viel jüngeren Datums, als das mosaische ist. Denn obwohl ich die feste Uiberzeugung hege, dass ein in Liebe für Volk und Vaterland entbrannter Patriot das zukünftige Loos derselben prevoyiren kann, so erstreckt diese Prevoyance sich doch auf das Allgemeine nur, keiueswegs aber auf das Einzelne und Accidentielle. Deshalb sehe ich nicht minder mich bemüssigt, auch die Strafrede im Pentateuch, als ein viel späteres Erzeugniss, als der Zeit Moses angehörig, zu erachten, da in derselben die Androhung יולך ה׳ את מלכך der Ewige wird deinen König ins Exil führen, vorkommt, die zu einer Zeit, wo vom Gesetzgeber die Theokratie beabsichtigt wurde, und die Nation noch weit entfernt war, der monarchischen Regierungsform sich zu unterwerfen, nur purer Unsinn wäre. Ferner kann ich nicht umhin, das Königsgesetz שום תשים עליך מלך ebenfalls als ein später entstandenes anzusehen, indem es doch erst Samuel war, der das Königsgesetz verfasste (vergl. Samuel, 10 25, וידבר שמואל אל העם את משפט המלכה ויכתב בספר וינח לפני ה׳ Sollten all diese geführten Beweise dem verstockten Zeloten noch nicht genügen, so möge er nur in Josua 24. 26. Einsicht nehmen, wo es lautet wie folgt: Und Josua schrieb diese Worte des Vertrags in das Buch der göttlichen Lehre Torath- Elohim. ויכתוב יהושע את הדברים האלה בספר תורת אלהים Nun aber lautet Nehemias 8, 5. ויקרא בספר תורה אלהים מפורש und sie lasen im Buche Torath- Elohim, dasselbe verständlich interpretirend, welcher Vers unstreitig nach der Meinung sämmtlicher Theologen auf kein anderes Buch, als auf die uns vorliegende Pentateuchschrift hinweist, welche Torath Elohim benannt wird. Da aber dennoch gedachter Vertrag des Josua in der unserigen Pentateuchschrift nicht vorkömmt, so resultirt, dass ein anderes Buch als unsere Pentateuchschrift dem Josua Torath Elohim geheissen hatte, aus welchem unsere Pentateuchsschrift, die auch den Namen Torath- Elohim führt, excerpirt wurde. Ist aber dies von unserem Zeloten als Thatsache zugestanden, dass die Pentateuchschrift, unser Torath- Elohim ein Excerpt aus dem Torath- Elohim des Josua bildet, und wird er nicht ermanglen noch ferner zu bemerken, dass dieselbe auch ein Buch Toldot- Adam זה ספר תולדות אדם und eines der Kriegsbeschreibung ספר מלחמות citirt, und frühzeitig noch von einem Buche Hajaschar ספר הישר nämlich im Liede Davids auf Saul, und dann in dem Buche Josua Erwähnung geschieth *)

---

*) Beiläufig muss bemerkt werden, dass der Bericht des Buches Hajaschar vom Verfasser des Buches Jesua schon unrichtig gelesen und missverstanden wurde, und deshalb ergab sich ihm ein unerhörtes Wunder, dass die Sonne in Gibon und der Mond im Thale Ajalon auf Anbefehl des Josua einen ganzen Tag halt machten, während die ursprüngliche Erzählung im Buche Hajaschar nur folgendermassen gelautet haben musste: ויאמר לעיני ישראל שמש בגבעון דום וירה בעזק ואלין וידם השמש וירח עמד ולא אין לבא

ferner dass die Schöpfungsdichtung und die Sindflutherzäh-
lung drei verschiedene Urkunden verräth, deren eine Elohim
hat, da sie aus einer Zeit wahrscheinlich herrührt, als der Po-
lytheismus in den semitischen Stämmen noch geherrscht; die andere
aber schon aus einer späteren Epoche sich herdatirt, wo man bereits
von einem אל עליון Gott aller Götter sprach, und sie daher ה' אלהים
hat; die dritte hingegen schon in einer Zeit ihr Entstehen fand,
als der Monotheismus bereits herschend war, und deshalb sie nur
das Tetragramm hat; so wird auch der enragirteste Zelot nolens volens
gleich mir sich der Uiberzeugung nicht erwähren können, dass die
uns vorliegende Pentateuchschrift, eine aus verschiedenen Schriften
und Urkunden spät redigirte Compilation ist. Man glaube indessen ja
nicht, dass mit dieser Uiberzeugung ich die Göttlichkeit der Thora
negire, mit nichten! Allein ich bin nicht gleich dem Kinde, dem
ein Bild gezeigt wird, worüber man äussert, dass es göttlich ist, um
zu vermeinen, dass Gott dasselbe verfertigt habe. Bekanntlich liegen
jedem Dinge vier Ursachen zu Grunde, nämlich: die wirkende סבה
הפועלת die bezweckende סבה התכליתית die stoffliche und endlich die inhaltliche oder formale סבה המהיתית im Kindesalter aber will leider der
Mensch nur nach der wirkenden Ursache alles apprecirt wissen. Ist
doch der Mensch sicherlich ein göttliches Geschöpf, wiewohl nur
thierische Aufwallung ihn zeugt, warum dürfte eine Lehre weniger
göttlich sein, so Menschen es gewesen sind, die sie producirten? Bis
wie lange noch wird man ultramontan bleiben, die Wahrheit nur
himmelabwärts und nicht himmelaufwärts lehren? Was mich betrifft
stimme ich nur ein Lied steigender Akkorde an aus niederem mensch-

---

כיום תמים עד יקם גוי גוי איביו deon des Thales Ajalon emek Ajalon,
wird in der ganzen Geschichterzählung gar nicht erwähnt überdies ist
auch zu ersehen, dass das Ajalon-Thal nicht durch Josua erobert wurde (vergl.
שופטים א' ל"ר während der Ort Aseka עזקה bei der Affaire wirklich vorkommt (siehe das 10, 10, 11.) und somit berichtet das Buch Hajaschar
nichts mehr, als dass Josua dann bei seinem Abmarsch abends von
Gilgal rief דום בגבעון שמש die Sonne dämmere mir auf in Gibon (vergl
Mischna Baracheth דמדומי חמה) und der Mond in Aseka וירה בעזק dass ich
dort Nachtquatir halte וא לין und so geschah es auch וידם השמש die Sonne
ging ihm morgens auf zu Gibon, als er dahin mit dem Herr eintraf. וירח
עמד und der Mond schien wirklich, wie er bestimmt hatte, als er zu Asek
ankam, und es verging somit kein voller Tag תמים כיום לבא אץ ולא
עד יקם גוי איביו bis die Nation über ihre Feinde den Sieg errungen.

lichem Standpunkte שיר המעלות ממעמקים קראתיך ה׳ Aber, wozu mein Inneres blosslegen? Empfindungen gehören in den Seelenschacht, und sind wahrlich nicht am Platze, wo es sich um Wahrheitserkenntniss handelt. Ich will daher nicht länger vom Thema abweichen, und auf die Forschung des Pentateuchs zurückkommend, werde ich im folgenden Paragraphen sowohl die Zeit, wann, als auch durch wen der Pentateuch gesammelt und redigirt wurde, wenngleich noch ungenau, doch annäherend zu bestimmen suchen.

§. 9.

Der Pentateuch ist vermuthlich von einer vom Könige Chiskia eingesetzten Synode redigirt worden.

Schon aus Achtung vor der im Volke Israel und in der ganzen civilisirten Menschheit lebenden Tradition sind wir gehalten, die Redigirung der Pentateuchschrift in eine dem Moses näher liegenden Periode zu setzen, inwiefern die Kritik zu entgegengesetzter Annahme uns nicht durchaus nöthigt. Nun aber zwingt uns keiner der angeführten Beweise dieselbe von der mosaischen Epoche ferner hinauszuschieben, als bis zu Ende der Regierungszeit des Königs Cheskia. Indem zu dieser Zeit, als die zehn Stämme schon exilirt waren, und nach der Niederlage des Sanchereb viele exilirte ins Vaterland zurückkamen (siehe Jesaja 11, 11, 16.) selbst die in der Strafe vorkommende Stelle, die lautet: אף גם זאת בהיותם בארץ אויביהם לא מאסתים ולא געלתים לכלותם להפיר בריתי אתם Und auch als sie im Lande ihrer Feinde waren, habe ich sie nicht verworfen und verabscheut (im praeterito), sie zu vernichten, meinen Bund mit ihnen zu zerstören, keine Schwirigkeit mehr. Auf Egypten kann diese Stelle darum schon keinen Bezug haben, da dem Verweilen der Nation daselbst kein Bund mit derselben voranging, worauf gesagt werden könnte, להפיר בריתי אתם und somit nur aufs Exil aus Palästina dieselbe Bezug habe, demnach ist es schon die Pietät, welche von uns zunächst die Annahme erheischt, dass gegen Ende der Regierung des Königs Cheskia, und anfangs der des Menasche die Pentateuchschrift redigirt wurde. Nehmen wir aber ferner die Aufschrift (Sprüche 25) in Betracht, die lautet: Auch diese gehören den Salomonischen Sprüchen an, welche die Männer des Cheskia König von Jehuda redigirten, משלי שלמה אשר העתיקו אנשי חזקיה מלך יהודה, so gewahren wir, dass Kö-

nig Cheskia wirklich eine archäologische und bibliographische Gesellschaft um sich versammelt hatte, die mit Sammeln und Zusammen-
stellen der nationalen literarischen Schätze sich beschäftigte, und
die Ansicht, dass zu dieser Zeit auch der Pentateuch redigirt wurde, erhält schon die Wahrscheinlichkeit, indem es zugleich zu vermuthen
ist, dass der Pentateuch die Arbeit dieser Gesellschaft war. Erinnert
man sich aber auch des Ereignisses, welches (König II. 22, 8.) erzählt
wird, dass ungefähr 80 Jahre später, zur Zeit des Joschia, des
Urenkels vom König Cheskia, vom Hohenpriester im Tempel ein
Buch aufgefunden wurde, dessen Inhalt als die mosaische Lehre sich
ankündigte, worüber der Hohepriester sowohl, als auch der König in
Erstaunen geriethen, und sich an die Prophetin Chulda, Frau des
Schalum wendeten, um bezüglich dieses Buches den göttlichen Ausspruch zu erlangen, und die Ansicht, dass zu Ende der Regierung
des Königs Cheskia es die Aufgabe einer Synode gewesen sei den
Pentateuch anzufertigen, bekommt fast geschichtliche Erhärtung.
Mit diesem Resultate können wir uns bereits zufrieden geben, um
auf die Frage überzugehen, was man mit diesen gesammelten Schriften habe erzwecken wollen, und wohin sie überhaupt tendiren?

§. 10.

Resultate meiner Forschungen im Pentateuch.

Bekanntlich sind alle Theologen und Bibelkenner darüber ei-
nig, dass im Pentateuch keine geordnete Reihenfolge in den
Mittheilungen herrscht. אין מוקדם ומאוחר בתורה Nun fragt es sich,
warum es mit der Thora dieses Bewandniss hat? Als ob der
liebe Himmel oder Moses, oder die königliche Synode keine bessere
Anordnung derselben hätten treffen können? Ebenso muss es nur
befremden, warum man den göttlichen Ausspruch über die Wahrheit und Echtheit der im Tempel aufgefundenen Schrift gerade bei
einem gelehrten Weibe, der Prophetin Chulda Frau des Schalum,
erforscht hat? Als ob der ausgezeichneste der Propheten, Jeremia,
damals nichts bereits als Prophet gewirkt hätte? Ward ja die Schrift
erst im achtzehnten Regierungsjahre des Königs Joschia aufgefunden
(siehe Könige II. 22, 3.), während Jeremia schon im dreizehnten Regierungsjahre desselben prophezeiet hatte (siehe Jeremia 1. 3.)? Ebenso und nicht minder muss es auffallen, dass laut des Pentateuchs

bei der Sinai Offenbarung Priester bereits figurirten? denn so heisst es (Exodus 19, 22.) וגם הכהנים הנגשים אל ה' יתקדשו und dann daselbst Vers 20 וכהגים והעם אל יהרסו לעלות אל ה' woher fanden sich denn zu dieser Zeit schon Priester ein? Oder sind etwa hiemit die Erstgeborenen gemeint, die auf Privataltären geopfert haben sollten? wie wäre Vers (Amos 5,25.) הזבחים ומנחה הגשתם לי במדבר ארבעים שנה בית ישראל „Habet ihr denn Schlacht- und Speiseopfer mir gebracht in der Wüste vierzig Jahre?" hiemit zu vereinen? Und wie sei überhaupt gedachter Vers Amos mit dem ganzen Pentateuchsinhalte und besonders mit dem (Exodus 24, 4, 8.) in Einklang zu bringen? Und eine und dieselbe Schwierigkeit bietet auch der Ausspruch des Propheten (Jermia 7, 22.), der lautet: לא דברתי ולא צויתי את אבותיכם ביום הוציאי אותם ממצרים על דברי עילה וזבח „Ich habe euere Eltern weder beredet, noch ihnen anbefohlen zur Zeit, als ich sie aus Egypten führte, bezüglich Brand und Schlachtopfer", welcher Ausspruch fast dem ganzen Leviticus und besonders den beiden Abschnitten Numeri 28—29 völlig widerspricht? Geht etwa aus diesem widersprechenden Berichte nicht hervor, dass die Propheten die geschichtlichen Begebenheiten anders und verschieden auffassten, als der Pentateuch sie darstellt? Lasse man aber diese Ansicht, dass die prophetische Auffassung der überkommenen geschichtlichen Ereignisse eine andere sei, als diejenige, die der Pentateuch geltend zu machen sucht — zunächst freilich bloss als hypothetische Prämisse —gelten, so werfen sich uns folgende Fragen auf Erstens: Worin differiren die Auffassungen? Zweitens: Warum differiren sie? Ich sehe mich daher in Beantwortung dieser Fragen veranlasst, den geschichtlichen Verlauf der Dinge, wie derselbe sich zutrug, der Wahrheit gemäss zu schildern. In Wahrheit hatte Moses anfänglich eine völlig verschiedene Staats- und Religionsverfassung seinem Volke verliehen als diejenige, zu welcher er dann durch das Ereigniss mit dem goldenen Kalbe*) gezwungen ward. Ursprünglich konnte es durchaus nicht in seiner Absicht gelegen sein, einen öffentlichen Opfercultus zu instituiren, und mittels einer Hierarchie seine einzuführende

---

*) Ob das Goldkalb der Israeliten den egyptischen Apis oder den Menovis vorgestellt hatte, lässt sich freilich mit Gewissheit nun nicht mehr angeben. Indessen gibt die sonderbare Weise der Vernichtung des Goldkalbes durch Moses (Exod. 32) zu vermuthen, dass dieses den Menovis, welcher den Osiris versinnbildlicht, dargestellt hat, denn in ähnlicher Art und Weise, berichtet die Mythe, wurden auch die Glieder des Osiris durch Typhon zerstreut.

Theocratie vertéten zu lassen. Hatte er ja in Egypten lange genug
gelebt, um wissen zu können, wohin ein Volk durch eine Priesterkaste geführt wird ; liebte er doch seine Nation zu sehr, um ihr so
eine unselige Bescherung bringen zu wollen. Er hatte vielmehr zur
Repräsentirung der Theocratie kein anderes Institut, als ein Patriotenparlament, welches mittels einer Wahl aus der allgemeinen Volks-
abstimmung hervorzugehen habe, angeordnet, und es sollte die Aufgabe dieser begeisterten Patrioten sein, nach seinem Hinscheiden je-
weilig dem Volke die Gottesstimme zu verkünden, oder unserer
Ausdrucksweise gemäss für die wohlthätige Gesittung des Volkes,
zu prevoyiren, und mittels der Kraft begeisteter Oration, ihren prevoyanten Rath Eingang bei demselben zu verschaffen. Erst dann ,
als dessen Bruder Ahron, der ein praktischer Staatsmann gewesen
war, ihm die Volksunreife für eine so hohe Idee, durch den so schnellen
Rückfall in den egyptischen Apisdienst, dem Ahron in echt mac chiavel-
listischer Weise so bereitwillig die Hand bot, כי פרעה אהרן so deutlich
klar legte, dass er sich veranlasst sah, einen tragbaren Mustertempel
errichten zu lassen, und einen Opfercultus einzuführen, wobei er seinen eigenen Stamm, den Stamm Levi und vorzüglich seinen Bruder
Ahron und dessen Nachkommen erblich an dessen Spitze stellte. Dass
er mit dem erblichen Priesterthume des Bruders Familie bedachte,

---

Uiberhaupt muss ich bemerken, dass es Vieles im mosaischen Rituale gibt
welches zu keinem andern Zwecke angeordnet wurde, als um dem egyptischen Aberglauben, welcher seinem Volke anhaftete, entgegen zu arbeiten.
So wurde wahrscheinlich nur darum das Feuermachen an Sabbattagen ausdrücklich verbothen, weil man eben an diesen Tagen zu Ehren des Sevek,
oder Schabsai, Chronos, Feuer anzuzünden pflegte. Ebenso war die Sendung
des Sündenbocks zum Asasel עזאזל nichts anderes, als eine Persiflage
für die Göttin Isis, der man einen Bock, der in Stücken zerfällt, das Bild
des Osiris zusandte, damit sie dessen Glieder zusammenlese. Denn bekanntlich
berichtet die Tradition über den Sündenbock ausdrücklich, dass er mit dem
Sturze vom Berge in Gliedmassen sich auflöste. ולא הגיע למחצית ההר
עד שנעשה אברים אברים Desgleichen ist es meine Ansicht, dass
Ahron nur darum so sicher schloss, dass es dem Ewigen missfallen werde,
so er am Sterbetage seiner Söhne das Sündopfer verzehren wird, weil man
nach der Satzung der Heiden Todtenmale zu halten pflegte, der entgegen
zu arbeiten wäre. vergl. לא אכלתי באוני ממנו ולא נתתי מנו למת Desgleichen ist es meines Erachtens mit der Asche der rothen Kuh ins Wasser ge-
mischt als Reinigungsmittel für die Unreinen auf nichts Anderes abgesehen ,
als um die Göttin Neith der Egypter zu verspotten; denn bekanntlich ist das
Wesen der Neith Staub und Wasser, welche nach der Ansicht der Egypter

und seine eigenen Nachkommen überging, ist theils dem Umstande
zuzuschreiben, dass sein Bruder Ahron es eigentlich war, welcher die
Lage und den Zustand des Volkes besser erkannte, und überhaupt
zu diesem den Umständen nach nothwendigen Expediens rieth, wie
auch der Dichter des mosaischen Segens diesen Umstand, als das
Verdienst zur Erwerbung der Tiara aufzufassen scheint (vergl. Deutr.
33, 9.), und theils dem, weil als freier Mann, der die Theokratie
nur durch eine reine Demokratie vertreten zu lassen geneigt war,
überhaupt nur mit höchstem Widerstreben die Priesterkaste eingesetzt hatte, als dass er seinen Nachkommen wichtige Rollen in derselben zu geben geneigt gewesen sein sollte. Dass Moses die Priesterkaste nur mit höchstem Widerwillen eingesetzt habe, ist schon
darum nicht zu verkennen, dass er deren Wirksamkeit ursprünglich
bloss auf den Opfercultus und den Dienst im Tempel eingeschränkt
hatte, und selbst nach Errichtung der Stiftshütte und Einführung
der Priester in dieselbe berief er zu Kibroth - hatava neuer
dings ein Prophetenparlament. Für dieses allein, wollte er wie es
scheint, die Hauptleitung, sowohl die politische, als die religiöse gewahrt
wissen, und er zog sich deshalb unmittelbar darauf zu Chazeroth, sowohl
seitens seines Bruders Ahron, als auch von der Schwester Miriam,
welche in ihrem Erwartungen bezüglich der Prärogative ihrer Familie sich getäuscht fanden, nur Missfallen und üble Nachreden zu.

---

den Stoff der Weltdinge ausmachen, und nach Röth S. 192. ist es die Kuh,
welche der Neith geweihet war, und in welcher die Neith hieroglyphisch
dargestellt ward. Diese Ansicht über den mosaischen Gebrauch der Rothkuh
gewinnt aber schon alle erforderliche Erhärtung einer kritischen Vermuthung,
so man in erster Reihe auf das hebräische Wort נד merkt, welches nur in der
Redeverbindung mit Wasser in der Bibel vorkommt vergl. כנס כנד מי הים
נצבו כמו נד נזלים קמו נד אחד und somit dasselbe unstreitig keine
sonstige Bedeutung als Pfütze zulässt, welche auf die Bedeutung des egyptischen Ausdrucks Neith ist. Bemerkt man aber ferner, dass auch die gedachte Mischung der Asche der rothen Kuh im Pentateuch מי נדה - genannt wird vergl. Numeri 39, 9, 14, 21, 22. und es wird beinahe zur Gewissheit dass mit dem Brauche der Asche von der rothen Kuh es auf nichts
anderes abgesehen war, als um die Neith zu persifliren. Es wirkte dieses
Neithwasser daher auch symbolisch auf diejenigen, welche diesen Aberglauben
götzendienerisch fröhnten reinigend, indem ihnen die Nichtigkeit der Neith
dadurch zu Gemüthe geführt wurde; wogegen auf die Reinen, nämlich symbolisch auf die, welche frei von diesen Götzendienst waren, wirkte dasselbe
im Gegentheil verunreinigend, da gesetzlich die Götzen verunreinigen.

Dessenungeachtet verblieb die Priesterinstitution wie sie war, rein auf den Opferdienst im Tempel beschränkt, bis die Parlamentsmitglieder, die im Namen der Milita der Madjaniter Töchter riefen, sich vergingen. Durch den Staatsstreich des jungen zelotischen Priesters Pinehas, der nicht im Sinne Moses auf das Urtheil des Parlamentes zugewartet, um die Integrität desselben zu wahren, sondern eigenmächtig die Rache an dem Parlamentsmitgliede Simri vollzog, wurde dem Parlamentarismus der letzte Todesstoss versetzt, so dass dann die Priesterkaste Alles in Allem wurde, und selbst das Heft aus den Händen Moses wand. Die ganze Macht ging alsdann in die Hand der Priester über, der Art, dass diese Kaste kein bedenken mehr trug, selbst einem Josua strengstens aufzutragen, den Gottesrath nicht wie bisher in seiner eigenen prophetischen und patriotischen Uiberzeugung zu finden, sondern denselben einzig und allein im priesterlichen Orakel zu vernehmen (vergl. Numeri 27 21). ולפני אלעזר הכהן יעמד ושאל לו במשפט האורים לפני ה' על פי יצאו וגו'.

Allem Anscheine nach suchte man den Helden dadurch gefügiger zu machen, sich der Priesterschaft zu unterordnen, dass man ihn, den erfahrnen und erprobten Feldherrn, beim Feldzuge gegen die Midianiter überging, und den Oberbefehl über das Sreitheer an den jungen zelotischen Priester Pinehas übergab, um derart ihm kundzuthun, wofern er widerstreben würde, er leicht entbehrt werden könnte. Und Josua erachtete es für gut, den Umständen sich zu fügen, um der beabsichtigen Willkür der Priester nicht auch die Landesvertheilung überlassen zu müssen, und wie es scheint, that Josua dies auf den Rath Moses, welcher rücksichtlich der Landesvertheilung, um ihn vor den Umtrieben der Priester zu schützen, schon im voraus die Mitglieder der Commission namhaft bestimmte, welche die gedachte Funktion zu vollführen habe. Daraus ergibt sich, dass nicht wie der Pentateuch es darstellen will, Moses in Folge des Ereignisses mit dem Goldkalbe bloss zornig die Steintafeln zerbrach, sondern dass es in der traditionellen Volkserinnerung gelebt haben muss, dass er in Folge dessen auch seine ursprünglich gegebene Verfassung (die zur Regierung ein Patriotenparlament, oder ein Propheteninstitut bestimmt hat) aufhob, um auf dieselbe die hierarchische folgen zu lassen. Nun nennen wir die von Moses vor der Goldkalbsünde erlassene Verfassung kurzweg den Mosaismus, wogegen die zweite, die er durch die Goldkalbsünde zu erlassen sich nothgedrungen sah, schlechthin den Ahronismus, und auf den während der ganzen Zeit des ersten Tempels zwischen Propheten und Priestern herrschenden Antagonismus fällt ein neues Licht. Dadurch wird es klar, dss nicht nur Propheten und Priester der beiderseitigen Ausschreitungen halber einander opponirten, sondern dass dieselben auch die Berechtigungsbasis einander streitig machten. Aber wozu schon Resultate ziehen, auf die ich übrigens im Laufe der Abhandlung werde zurückkommen müssen, insolange die Prämisse noch nicht hinreichend erwiesen ist, Ich will demnach zunächst im folgenden Paragraphen die eben gegebene Auffassung der Geschehnisse durch Beweise aus dem Pentateuch selbst erhärten.

§. 11.

Fortsetzung.

Vor allem will ich für die Richtigkeit meiner Auffassung, dass in Folge der Goldkalbsünde Moses die Verfassung geändert hatte, auf Exodus 33, 4, 6. verweisen. Nachdem erzählt wird: וירא משה כי פרע הם כי פרע אהרן לשמצה בקמיהם Und Moses sah das Volk in seiner Entblössung, denn Ahron hatte es zur Schmach blossgestellt, folgen die angeführten Verse, welche nach gehörig vorgenommener Correctur wie folgt lauten: ויתאבלו ולא שתו איש עדיו מעליו ועתח הורד עדיך מעליך וארעה מה אעשה לך ויתנצלו בני ישראל את עדים ומשה לקח את דאהל מהר חורב ונטה לו מחוץ למחנה Und das Volk trauerte und that die Rüstung von sich nicht ab, worauf der Befehl des Moses ihm kommt der lautet: „Nun lege deine Rüstung ab, und ich werde schon wissen, was ich für dich thun soll, und die Kinder Israels entledigten sich der Rüstung, und Moses nahm das Zelt vom Berge·Choreb, und schlug es ausserhalb des Lagers auf." Nun fragt es sich: worauf zielte Moses hin mit dem Ausspruche, „und ich werde schon wissen, was ich für dich thun soll;" und was that er dem Volke, in Folge der begangenen Goldkalbssünde, da doch der Beschluss, die aus Egypten gezogene Generation in der Wüste aussterben zu lassen, erst in Folge der Spähersünde gefasst wurde? Wo nicht eben wie gesagt, dass er der Goldkalbssünde halber die ursprüngliche Verfassung geändert, und demselben einen tragbahren Mustertempel mit einer Priesterkaste versehen geschaffen hatte? Ebenso darf man, was Göthe schon bemerkte, nicht ausser Acht lassen, dass die Verse (Exodus 34, 14 bis 26) wirklich den Inhalt des zweiten Decalogs darzustellen scheinen, und darum in den nachstehenden Versen von

demselben ausgesagt wird: כתב לך את הדברים האלה כי על פי הדברים האלה
כרתי אתך ברית. ויכתב על הלחת את דברי הברית עשרת הדברים „Schreibe dir
diese Artikel auf, denn auf diese hin habe ich mit dir und mit den
Kindern Israels den Bund geschlossen." Ferner: Und er (Moses) schrieb
auf die Tafeln die Artikel des Bundes, die zehn Gebote. Nun aber
enthalten die gedachten Verse schon Anordnungen priesterlicher Interessen, von denen in den ersten Tafeln nichts erwähnt, und es
geht uns schon ein Licht auf, in welcher Tendenz der Pentateuch
sowohl in (Deutr. 10, 4.), als wie in (Exodus 34, 1.) die Phrase: על
הלחת אשר שברת הראשונים הלחת את הדברים אשר היו על „Und ich werde
schreiben auf die Tafeln die Worte, welche in den ersten Tafeln
enthalten waren, die du zerbrochen" uns so geflissentlich mittheilt.
Was für ein geschichtliches Gewicht man aber dieser Phrase ihrer
Aeusserung nach beizulegen hat, wird schon genügend einleuchten, so
man sie nur dem obgedachten Vers (dass. 27, 28.) entgegenhält, wo
das עשרת הדברים ויכתוב על הלחת את דברי הברית eben nicht
auf Gott sondern auf Moses bezogen wird. Abgesehen aber
von all dem bis nun Vorgebrachten (wovon man vielleicht sagen
wird, es bleibe immerhin nur Vermuthung, und gebe für die Behauptung nicht den zwingenden Beweis), wird doch der wahre Forscher mir beipflichten müssen, so er nur die aus der Erzählung alter
Dokumente zusammengesetzte Rede Moses (Deutr. 18, 15, 20.) aufmerksam und unbefangen liest. Dort lautet die Rede Moses wie folgt:
„Einen Propheten aus deiner Mitte von deinen Brüdern, wie mich,
wird dein Gott dir aufstellen, dem habt ihr zu gehorchen, ganz wie
du vom Ewigen deinem Gotte verlangtest am Choreb am Tage der
Versammlung (der öffentlichen Offenbarung) sprechend, nicht mag ich
fürder hören die Stimme des Ewigen meines Gottes, und dieses
entsetzliche Feuer nicht mehr sehen, damit ich nicht sterbe. Da
sprach der Ewige zu mir: Sie haben wohlgeredet (in rationalistischem
Sinne gefasst, es ist räthlich, sie beim Wort zu nehmen, da
öffentliche Offenbarungen mittels Waldbrände, und mit vulkanischem
Getöse doch unmöglich häufig veranstaltet werden können). Einen Propheten will ich ihnen erstehen lassen aus der Mitte ihrer Brüder
gleich dir, wie du es bist, diesem werde ich mein Wort (den vernünftigen Rath) in den Mund legen, er soll zu ihnen reden alles,
was ich ihnen gebieten werde. Und es wird geschehen, der Mann,
der nicht hören wird auf meine Worte, die er reden wird in meinem Namen, ich werde es selbst an ihm heimsuchen! Nun behaupte

noch in Voranhaltung dieser angeführten Worte, wer da wolle, dass
zur Zeit der Offenbarung, als auch unmittelbar nach derselben Moses irgend ein anderes Medium instituiren wollte, um dem Volke die Gottesstimme kundzugeben, als die patriotische Uiberzeugung beredter
Männer. Nun aber drängt sich die Frage auf, warum hat Moses
die an ihn noch am Choreb ergangenen Gottesworte, dass fortan weise und beredte Männer die Gottesstimme offenbaren werden, erst
vor seinem Tode dem Volke mitgetheilt? Und beiläufig bemerkt,
nachdem er für die Verkündigung der Gottestimme bereits ein völlig
verschiedenes Medium, namentlich ein priesterliches Orakel, instituirt
hatte? (vergl. mendelsohnischen Commentar, der darüber sein Erstaunen ausdrückt dass Exod. Abschnitt Jetro, wo die Offenbarungsge-
schichte ausführlich erzählt ist, von dieser göttlichen Aeusserung gar
keine Erwähnung geschieht). Allein es hat schon seine Richtigkeit,
indem es nur der Pentateuch selber ist, welcher die Ereignisse absichtlich ausser Ordnung bringt. Moses aber hatte in der That unmittelbar nach der öffentlichen Offenbarung ein Patriotenparlament,
oder um die theokratische Sprache zureden, eine Prophetensynode um
sich versammelt, deren Beruf es war, sich mit den öffentlichen An-
gelegenheiten zu beschäftigen, und das Volk oft zu haranguiren, um
bei jeder Gelegenheit das Gerechte und Vernünftige (theokratisch,
das von Gott Verordnete) zu verkünden. Denn was sonst anders
waren die siebzig Senatoren, deren Präsident wahrscheinlich Chur
vom Stamme Jehuda war, die bald nach der Offenbarung schon eine
hohe Rolle spielten, und Moses bei seiner Bergbesteigung, die ersten
Steintafel zu holen, begleiteten, wo sie den Gott Israels sahen, und
selbst die Farbe seines Fussschemels bemerkten, womit freilich nichts
sonstiges mitgetheilt ist, als dass sie gleichsam die göttliche Waltung
(vergl. Exod. 24, 9, 10.) ויראו את אלהי ישראל ותחת רגליו כמעשה לבנת הספיר
noch unter dem Bilde der Phantasie besprachen, als so ein
Prophetenparlament? Was für einen Begriff sonst bilden denn
die Männer, auf die zu Kibroth- Hatava der göttliche Geist, der
Moses innewohnte, überging, und von denen berichtet wird, sie weis-
sagten und hörten nicht auf zu weissagen," als den einer Prophetensynode? Freilich gibt der Pentateuch tendenziös vor, diese Institution sei zu Kibroth Hatawa erst ins Leben gerufen worden; wie nachgewiesen aber, hat man dieselbe dort nach vorgegangener Veränderung
bloss als wieder erneuert anzusehen. Ebenso wäre wahrscheinlich

vermöge der prophetischen Tradition auch der gewählte Gerichtskörper, dessen Instituirung, als von Moses selbst ausgehend, die mosasche Rede (Deutro. 1) erwähnt, während Exodus 18 den Rath zu demselben dem Medjaniter Jetro beilegt, nur als ein integrirender Theil der prophetisch demokratischen Verfassung zu denken, die Moses vor dem Eintritte des Goldkalbereignisses erlassen hatte. Sonach wäre es wirklich im Parteistreben der Priester gelegen, die Richterinstitution wie das ganze demokratisch prophetische Gebahren überhaupt, als ein Erzeugniss aus dem medianitischen Geiste zu verdächtigen. Ferner liegen unumstössliche Beweise anderseits uns vor, dass vor der Goldkalbsünde Moses nicht nur an die Einführung eines Opfercultus als öffentliche Volksangelegenheit mit pompösem priesterlichen Gepränge nicht dachte; sondern auch dass im Gegentheil er denselben nur, als eine nicht leicht auszurottende Volksgewohnheit, vom erstgeborenen Familiengliede, das für die Familienwirthschaft am meisten arbeitet, auf einem im Inneren des Privat-Zeltes einfach errichteten Erd- oder Steinhaufenaltare ausgeübt, dulden wollte. So siehe man erstlich die Verse (Deutr. 10, — 4.) sie lauten: „Haue dir zwei steinerne Tafeln, wie die ersten waren, und komme zu mir herauf auf den Berg, und mache dir eine Lade von Holz; auf die Tafel will ich die Worte schreiben, die auf den vorigen Tafeln waren, die du zerbrochen hast, und du sollst sie in die Lade thun. Und ich machte eine Lade von Schittimholz etc. Wir ersehen somit, dass erst zur Zeit des Empfanges der zweiten Tafeln das Gebot zur Anfertigung der Lade ertheilt wurde. Nun wurde aber wie es aus Exodus 25 erhellt, vor dem Auftrage, der zur Anfertigung aller übrigen Geräthschaften der Stiftshütte, der zur Anfertigung der Lade gegeben, wie es übrigens auch wahrscheinlich ist, indem die Lade mit den Cherubim doch die wesentlichsten Bestandtheile der ganzen Stiftshütte bilden. Es tritt demnach klar ans Licht, dass erst nach verübter Goldkalbsünde Moses zum Priesterinstitute gegriffen hatte. Ferner die Stelle (Exodus 20 18 — 23), welche lautet: Und es stand das Volk in der Ferne, und Moses nahete sich der Wetterwolke, wo dort der Allmächtige, und es sprach der Ewige zu Moses: So sage den Kindern Israels: Ihr habt gesehen, dass ich vom Himmel herab mit euch geredet. Ihr sollt euch Nichts neben mir machen, Silbergötzen und Goldgötzen sollt ihr euch nicht machen. Einen Altar von Erde sollst du mir machen, und darauf opfern deine Ganzopfer und deine Freudenopfer deine Schafe und deine Rinder an jeglichem Orte, wo du meinen Namen (vergl. Aboth בכל המקום אשר הזכיר את שמי אבא אליך וברכתיך) anrufen wirst, werde ich kommen zu dir und dich segnen (also doch in vollem Widerspruche noch zu Deutronomen 12, 4, 5). Und so du errichtest einen Altar aus Steinen, baue sie nicht behauen; denn so du eine Klinge darüber schwingst, hast du ihn schon entheiligt. Und du sollst auch nicht aufsteigen zu meinem Altar auf Stufen, damit deine Blösse darauf nicht aufgedeckt werde." So verordnet das unmittelbar nach der Offenbarung ergangene Gesetz. Nun aber wissen wir, dass sowohl die Altäre der Stiftshütte, als auch die des salomonischen Tempels weder von Erde, noch von Steinen, sondern von Holz mit Kupfer und Gold gedeckt verfertigt waren, wie es aus Exod. 27, 30, erhellt, und der Beweis liegt somit klar zu Tage, dass zur Zeit dieser angeführten Verordnung es noch gar nicht in der Absicht Moses lag, eine Stiftshütte für einen öffentlichen, durch ein Erbpriesterthum geleiteten Opfercultus zu erbauen; vielmehr lautet die besagte Verordnung nur in duldender Weise, den Opfercultus zu belassen, und denselben möglichst einfach und prunklos zu halten. Uiberhaupt beabsichtigte gedachtes Gesetz der Opferbringung den Charakter der Oeffentlichkeit zu benehmen, und den einer Privatsache nur zu geben, indem es dieselbe von Jedwedem und an jedem Ort und Winkel, und nur auf einfachem Altar von Erde oder rohem Stein vorzunehmen gestattete. Ferner muss es auch einleuchten, dass die üble Nachrede von Ahron und Miriam über Moses ihren Grund vorzüglich in dem Verdrusse hatte, dass Moses mit der Wiedereinsetzung der Prophetensynode die Prärogative und den Machteinfluss der Familie Schranken gesetzt hat. Bei dieser Gelegenheit wurde auch von der Vermählung desselben mit einem äthiopischen Weibe nur deswegen Notiz genommen, um darzuthun, wie wenig die Ehre und das Ansehen der Familie ihm am Herzen liege. Denn ausser der Wiedereinsetzung der Prophetensynode, die zu Kibrot-Hatawa vor sich gegangen, bei der nächsten Station zu Chazereth die gedachte Medisance schon stattfand, so bietet der Pentateuchbericht über diese Medisance gar keinen Zusammenhang, wenn man dieselbe eben nicht unter geschilderten Verhältnissen auffasst, dass die Geschwister über Moses sich derart äusserten: Nun vermählte er sich gar mit einem äthiopischen Weibe, denn was ist ihm Familieninteresse, Stammesinteresse und Stammesehre? Wenn er nur nach medianitischer Republikaner Art, in deren Sippschaft er getreten, nach Popularität haschen kann. Darum kümmert er sich um die Ansicht und das Interesse seiner Angehörigen durchaus nicht, und handelt so, als ob es nur seine Vernunft allein wäre, in der die Weisheit und Wahrheit, die Gottesstimme, sich kundgäbe vergleiche Numeri 12—1—2. Ebenso ist meine geäusserte Ansicht bezüglich des jungen zelotischen Priesters Pinehas gegründet, indem es aus (Numeri 25, 4) ersichtlich ist, dass nicht bloss der Leiter und Vertreter im Rathe des Stammes Simon allein den Liebesreitzen der medianitischen Schönen nicht widerstand, sondern fast sämmtliche Volksfürsten und Rathsherrn liessen diese Sünde sich zu Schulden kommen. Denn der Befehl des Ewigen lautet doch: Nimm alle Volkshäupter und hänge sie auf am hellen Tage vor Gott. Moses indessen fügte sich, wie es aus Vers 5 erhellt, diesem göttlichen Gebote nicht, sondern rief die öffentlichen Gerichte auf. Zeigt dies etwa nicht, wie ich äusserte, dass er die Integrität des Parlaments achten wollte, dass es selbst zu Gerichte sitze? Der junge zelotische Priester jedoch sprang hervor, ohne das Gerichtsurtheil abzuwarten, und übte eigenmächtig Rache. Und was wurde ihm und seiner Familie darum zutheil? Erblich war doch die Priesterschaft auch zuvor? Aber nun wurde ihm und seinen Nachkommen der vollständige und einheitliche Bund zum Lohne. Das Priesterthum blieb nämlich nicht mehr wie bis nun, auf dem Opferkultus im Tempel beschränkt, sondern es gewann die ganze Macht über das Volk, und seitdem wurde die Leitung Israels völlig hierarchisch, und so trat an die Stelle der Prophetensynode, oder des Patriotenparlamentes das priesterliche Orakel, dem selbst Josua sich unterordnen musste. (Num. 28. 21). Der Ereignissverlauf hat sich somit, wie ich ihn im vorigen §. gab, aus der kritischen Auffassung der Urkunden des Pentateuch selbst als wahr bekundet. Nun entsteht die Frage, warum haben die Pentateuchsammler die Ereignisse nicht ebenso in Wahrheit erzählt? Aber um diese Frage beantworten zu können, müssen wir vorerst nach der nun gefundenen Spur hin, die geschichtlichen Ereignisse, die sich im ferneren Verlaufe des israelitischen Lebens zutrugen, verfolgen.

§. 12.
Fortsetzung.

Nie wusste ich die talmudische Behauptung, dass die Goldkalbssünde keine vollständige Sühne gefunden, sondern dieselbe zu allen Zeiten, wann die göttliche Strafe Israel ihrer Sünden halber trifft, mitgerächt werde, deutlich zu erklären. Hat man doch die göttliche Strafe nur im Sinne der Nemesis, als die Consequenz der Sünde gemäss dem bekannten Spruche, das Laster straft sich selbst (תיסרך רעתך), sich zu denken, wie sind also die Heimsuchungen Gottes, die wir nun erleiden, als die üblen Folgen der vor drei tausend Jahren begangenen Goldkalbsünde anzusehen? Im Zusammenhange mit gegebener Auseinandersetzung aber, finde ich die von den Talmudisten aufgestellte Behauptung vollkommen gerechtfertigt. Die Goldkalbsünde brachte über Israel den Ahronismus, an welchem Israels Abkömmlinge, zu denen nun auch die sämmtlichen civilisirten Völker zu zählen sind, zu allen Zeiten zu leiden hatten, und von welcher Strafe sie selbst nun noch nicht verschont blieben, so dass die Goldkalbsünde wirklich bis heute noch nicht gesühnt zu sein scheint, indem die hierarchischen Bestrebungen uns immer noch behelligen. Indessen möge man diese eben gemachte Aeusserung als eine unerkleckliche ansehen, die ich zu keinem anderen Behufe gebe, als um an dieselbe die Bemerkung zu knüpfen, dass die hierarchischen Bestrebungen immer sich gleich bleiben, und wie nun so auch ehemals, waren es die Priester, trotzdem sie Armuth geschworen haben, und Moses der Art sie instituirt hat, dass sie im Lande keinen Besitz haben durften, und um die Stämme vor deren Umtrieben zu schützen, vor seinem Hinscheiden nicht darauf vergass, die Mitglieder der Landesvertheilungscommission namhaft zu machen; dennoch sie bei der Erwerbung des Landes in den Besitz der schönsten Städte und Stapelplätze kamen. So war es z. B. Pinehas, welcher für sich und seine Nachkommen die schöne Gegend גבעת סנחס erwarb. Ebenso rissen die Priester viele andere Städte an sich, wie z. B. Hebron, Nob, Anathoth, Gilgal und noch viele andere, überhaupt diejenigen, in denen es alte Denkmäler gegeben. Aber wozu alle Sünden auftischen? Genug das Priesterthum war das allein mächtige nnd gefürchtete zu dieser Zeit. Wahrscheinlich wurden beim Vorrücken des Josua alle beweglichen Schätze der Landbewohner in der Landesfeste Jericho untergebracht, und auf diese Beute gerade hatten die Priester es abgesehen. Josua musste sich fügen, die von ihm unterminirten Mauern durch die Lade und die priesterlichen Posaunen stürzen zu lassen, damit die unermessliche Beute Jericho's gänzlich in die Hände der Priester wandere, und das Heer leer ausgehe. Jericho wurde somit als dem Banne חרם verfallen erklärt, und die Priester überwachten die Kriegsbeute so, dass sie selbst erfuhren, dass Achan einen Mantel sich zugeeignet hat, und Josua musste sich dazu verstehen, ihn für diesen Diebstahl tödten zu lassen. Nach dem Tode Josua's scheint die priesterliche Gunst dem Kaleb und seiner Familie sich zugewandt zu haben, und die Priester erliessen den Orakelspruch, יהודה יעלה der Stamm Jehuda habe im Kriege voranzugehen, wobei zuerst Kaleb selbst die Kriegsleitung und die Rechtsexecution aus den Händen der Priester erhielt, und ihm folgten in dieser Würde sein Bruder Othniel und Schamgar der Sohn Othniels (das ענת ist wahrscheinlich in עתניאל zu corrigiren vergl. בימי שמגר בן ענת בימי יעל wo die Worte בימי יעל gar keinen Sinn abgeben, da doch Jael keine Richterin war, aber wahrscheinlich ist hier zu lesen: בימי שמגר בן עתניאל חדלו אורחות wo-durch der Vers Genes. 49 לא יסור שבט מיהודה wirklich sich rechtfer-tigen lässt, da die Richter, die ihr Amt aus den Händen der Priester erhielten, und zu denen gehören Kaleb, Othniel, Jaabez, Schamgar, Abzon, Jair Hagiladi, wirklich dem Stamm Jehuda entstammten. Die anderen Richter aber wie z. B. Ehud, Debora, Jerubaal, Samson, Jephta gelangten durch ihre eigenen prophetischen und patriotischen Gross-thaten, nicht vermöge des priesterlichen Orakels, und eher in Oppo-sition mit demselben, zur Richterwürde, und demnach gibt der ge-dachte Vers לא יסור שבט מיהודה einfach folgengen Sinn ab: Das Scepter wird nicht weichen von Jechuda und der Befehlshaber von seinen Fahnen bis er vordringt nach Schilo (um die Stiftshütte dort aufzu-schlagen, wo alle Gewalten der Nation dahin verlegt wurden, und alle Stämme gleich, ohne Vorzug, sich dahin vor dem von Gott ein gesetzten Staathalter, הארן ה' vor dem Hohenpriester, sich versam-meln (vergl. Exodus 34, 26). wie es auch geschah, dass zu Schilo der Hohepriester Eli die gesammte Macht in seiner Person ver-einigte. Der Ausspruch לאיסור שבט מיהודה וגו' muss somit dem Orakelaus-spruche יהודה יעלה identifizirt werden. Daraus ergiebt sich 1tens, dass ebenso wie die Priester vor dem Tode Moses den Josua mit der Kriegsleitung betraut haben, so betrauten sie, damit nach seinem Tode den Stamm Iehuda, correspondirend die Familie des Kaleb, damit nach der Bezwingung des Landes, als zu Schilo die Stifthütte in Sicherheit sein wird, dieser Stamm die Macht in ihre Hände niederlege; 2tens, dass auch die prophetische Richtung im Gegen-satze zu der Hierarchie schon bei den Rihhtern, die nicht zum Stam-me Jehuda gehörten, sich geltend gemacht hatte. Indessen sind erwähnte Richter, wie z. B. Debora Gideon, Schimschon, Ehud, obwohl sie nicht kraft des priesterlichen Orakels, sondern vermöge ihrer göttlichen Begeisterung ihre Thaten übten, immerhin als Seher nur, und nicht als Propheten (vergl. Sam. I. 9, 9.) auzufassen. Propheten aber, wie Moses sich dieselben dachte, betraten erst dann die Bühne des Nationallebens, als zu Schilo unter Eli und seinen berüchtigten Söhnen die Hierarchie total Fiasko gemacht hatte. Um der Hierarchie aufzuhelfen, ist dann in Samuel der Gedanke aufgestiegen, unter den in der Volkstradition lebenden zwei Verfassungen eine Fusion herbeizuführen, dass neben der Hierarchie mit priesterlichem Orakel, als Organ der göttlichen Stimme im Sinne Ahrons, auch ein Propheten- oder Patriotenparlament im Sinne des Moses als Organ der göttlichen Stimme, ans Staatsruder komme, welchen Gedanken er zum Theil auch in Ausführung brachte, indem er nach Geba ein Prophetenparlament הבל הנביאים versammelt hatte. Dass ich, nebenbei bemerkt, in dieser Meinung über Samuel nicht allein stehe, und mit mir auch die Agadisten dieselbe theilen, lässt sich aus der bekannten Stelle im Midrasch Abschnitt Korrah schliessen, welche über Korah sagt: ראה שיצא ממנו שמואל ששקול כנגד משה ואהרן Er sah in die Zukunft, dass sein Abkömmling Samuel sein wird, welcher Moses mitsammt Ahron aufwiegt. Nun würden die Agadisten gegen einen offenen Ausspruch der Thora (Deutron 34, 10) dieses Ausdruckes im buchstäblichen Sinne sich kaum erkühnen, und es wird darum höchst wahrscheinlich, dass sie hiemit nichts mehr, als das, was ich eben mittheile, zu sagen beabsichtigte, da das Streben Samuels dahin ging, die theokratische Verfassung, sowohl durch den Ahronismus (Hierarchie), als durch den Mosaismus (prophetisches Parlament), leiten zu lassen, hat er seinem Wirken das Gewicht beider Coryphäen verliehen. Allein Samuel kam mit dem Fusionsplan zu spät, als durch das schlechte Betragen der Söhne Elis, wie auch dann durch das corrupte Benehmen seiner eigenen Söhne die Hierarchie sich in solchen Misskredit gebracht hatte, dass wahrscheinlich das zu Geba tagende, von ihm selbst berufene Prophetenparlament (חבל הנביאים) selbst es war, welches des Geschichtsgesetzes eingedenk, dass es keine geeignetere Regierungsform zur Vernichtung der Suprematie der Priesterkaste gebe, als die monarchische, an die Spitze des erbitterten Volkes sich stellte, um, wie es eben in Spanien geschah, die Einführung der Monarchie zu fordern, um nur von der drückenden Hierarchie befreit zu werden. Wenigstens gibt ein aus dieser Zeit uns erhaltener Lakonismus den genügenden Beweis, dass zwischen

dem Prophetenparlamente und den Priestern damals kein herzliches
Einverständniss geherrscht habe ; denn bei Gelegenheit, als zu Geba
Saul unter den Propheten erblickt wurde, geriethen diejenigen , die
ihn in dieser Gesellschaft sahen, in Erstaunen und fragten: ומה היה לבן
קיש הגם שאול בנביאים Wass ist denn dem Sohne Kisch's begegnet, ist
auch Saul unter den Propheten? Da erwiederte ein dortiger Aristo-
krat, der wahrscheinlich zur Priesterkaste gehörte (weil Geba Priesterstadt war, (vergl. איש משם). Und wer ist der Vater dieser Propheten?
nämlich, auch diese Propheten sind Leute ohne Stand, Namen und
Berechtigung. Die wegwerfende Aeusserung ומי אביהם über das Prophetenparlament zeigt uns genügsam wie antagonistisch dasselbe den Priestern damals gewesen sein musste. Samuel jedoch, als Levite, auf
die Obergewalt seines Stammes erpicht, und einsehend, welchen Streich
man demselben spielt, suchte sich in den unteren Volkssphären einen
Mann von schlankem Wuchse und schönem Aeusseren aus, der aller
Politik fremd war, und seines inferioren Wesens halber rechnete
Samuel darauf, dass Saul sich seiner Leitung überlassen, und mit
dem Priesterthume gehen werde. Er brachte denselben ins Parlament,
um so auf den neu entstandenen Propheten, der ein martiales Aus-
sehen hatte, die Aufmerksamkeit der Menge zu lenken, und so ist
es durch einen Ueberraschungsact, dem man einen Orakelkunstgriff
beigefügt, dem Samuel gelungen, dem schlichten Manne die Krone
aufzusetzen, um in demselben für die Absichten der Priesterkaste
ein williges Werkzeug zu schaffen. Freilich frug man sich dann ver-
blüfft in den höheren patriotischen Kreisen: שאול ימלוך עלינו Soll etwa Saul
über uns regieren? Und man enthielt sich demselben Thronbestei-
gungspräsente zuzusenden, aber die wurden Illoyale Kinder Belial, (Sieh
I. Samuel 10, 27 und 11, 12) gescholten, und besonders als kurz
darauf nach der Thronbesteigung es dem Saul gelungen war, gegen
Nachasch, den König der Amoniter eine siegreiche Waffenthat aus-
zuführen, da wollte die Menge sogar auch über diejenigen, die früher
hämisch sich äusserten, gewaltthätig herfallen. Dass der Verlauf
der gedachten Begebenheit in geschilderter Weise sich zutrug, beweisen nicht allein die Sätze, auf welche ich eben verwies, sondern
es zeigt dafür auch überhaupt die Phrase: Auch Saul unter den
Propheten? die ähnlich dem „Auch du Brutus" ins Volkssprichwort
überging, um auf jedermann angewandt zu werden, der in Kreise
sich drängt, in die er nicht hineingehört. Daraus folgt, dass im
Gefühl der Ueberraschung, dass im Parlamente eine unbekannte

Grösse aufgetaucht ist, und die Krone an sich gerissen hat, die zu
Geba versammelt gewesenen Propheten, während sie missvergnügt
heimzogen, in ähnlicher Weise die Frage an sich gestellt haben
müssen : Auch Saul unter den Propheten? Während Samuel in der
Hoffnung sich wiegte, der König werde in seinen und der Priester
Händen nur einen Spielball abgeben, sah er dann für die Interessen
seines Stammes keine andere Gefahr, als im Prophetenthum, das
bereits längst antiquirt war, und durch seinen Fusionsplan nur
neuerdings heraufbeschworen wurde. Deshalb fühlte er sich bemüssigt,
damit nicht fernerhin dasselbe frei und unabhängig zum wahren
Parlamentarismus sich entwickele, es unter seine Leitung zu nehmen,
die Schuljacke ihm anzulegen, um es auf diese Weise in die Prie-
sterkutte stecken zu können. Wir finden daher einige Jahre später,
als die Zeit, die nun in Rede steht, eine Prophetenschule zu Rama,
dem Wohnorte Samuels, als unter seiner Leitung stehend, erwähnt,
welche den Namen ניות Najoth führte*). Auf dieser Hochschule erhielten wahrscheinlich sowohl Prinz Jonathan, als auch David ihre Erziehung, und man wusste dort die Jünglinge für die priesterlichen
Bestrebungen so zu gewinnen, und zwischen denselben das Freund-
schaftsband so eng zu knüpfen, dass die Leidenschaft der Herrschgier
selbst, obwohl sie die Liebe der Michal zu ihrem Gemahle David
in Hass verwandelte, dasselbe zu lösen nicht vermochte (vergl.
die Elegie Davids, Samuel II. 1, 26.) נפלאתה אהבתך לי מאהבת נשים
„Leid ist mir um dich, Bruder Jonathan! deine Liebe zu mir über-
traf die Liebe der Frauen." Warum aber selbst durch die Entwen-
dung einer Krone dieses Freundschaftsbündniss keine Störung erlitt,
ist einfach nur dadurch erklärbar, weil eigentlich beide Jünglinge

---

*) Welche Bedeutung der Name Najôth habe? welcher Wurzel er abzu-
leiten sei? kann ich mit Bestimmtheit nicht sagen, allein aus dem
ganzen Zusammenhange der Erzählung ist ersichtlich, dass man mit
demselben die Prophetenschule zu Rama, welche Samuel leitete, bezeich-
nete. Vielleicht führte die Schule den Namen N bith נבית oder Neba-
jathנבאית mit Beth, weil dieselbe zur Prophetie vorbereitet hat, oder
nannte man sie נאות mit Alpha, weil in derselben in den schönen Wissenschaften, wie z. B. in der Rhetorik נבואה (vergl. אם יהיה וגו' Num.)
Dichtkunst שיר, Musik זמר und im Tanze מחול Unterricht ertheilt wurde.
Oder hiesse sie gar vielleicht נעיות mit עין Ajin, als Ableitung von der
Silbe עות (vergl. Jesaja ה' לי וגו' לדעת לעות את יעף דבר). Jeden-
falls hat der Name die Bedeutung einer Schule; denn der Paraphrast
umschreibt denselben mit בית אולפנא.

4

ein und dasselbe Streben begeistert hat, die Politik der Najoth, ihrer Hochschule, zum Durchbruche zu bringen. Denn als König Saul sich von den Priestern unabhängig gezeigt hatte, sah sich Samuel veranlasst, seine Politik zu ändern, und gegen ihn zu agitiren. Meines Erachtens, liess sich Saul gegen die Priesterkaste folgende fünf Cardinalsünden zu Schulden kommen: die erste, dass er beim Feldzuge gegen Nachasch keinen Orakelspruch begehrte; die zweite, dass er kraft Erlasses der ersten mosaischen Verfassung (Exodus 21, 24.) selbst zu opfern begann, ohne die Ankunft Samuels abzuwarten; die dritte, dass später, als er um den Sohn Jonathan bekümmert das Orakel wohl befragt, und von ferne die wogende Unordnung im Lager der Philister bemerkt hatte, er dem Priester befahl seinen Platz einzunehmen, ohne die priesterliche Antwort mehr vernehmen zu wollen; die vierte, dass er auf seinem Siegesplatze zu Beth - Aven בית און einen Wallfahrtsaltar erbauen liess, welcher ebenso wie der von Jerubal errichtete Efod zu Ofra die Politik der Priester kreuzte (beiläufig bemerkt, wurde dieser Wallfahrtsaltar zu Beth - Aven ein Wallfahrtsaltar der Verirrung, (siehe Hosea 4, 15. לא תעלו בית און) und desshalb wird in Samuel I. 14, 26 zu den Worten ויבן שאול מזבח לה' mit Recht hinzugefügt אתו החל לבנות מזבח לה', um eben diess anzudeuten, dass dieser Wallfahrtsaltar zu Beth - Aven eben nur ursprünglich der Gottheit geweiht war; und endlich die fünfte Sünde, dass er der Habsucht der Priester, die über die Amelikiter den Bannstrahl schleuderten, wobei sämmtliche Feinde über die Klinge springen sollten (gemäss der priesterlichen Anordnung כי חרםאשר יחרם מן האדם מות יומת), damit von der erbeuteten Habe (zufolge dem Gesetze כל חרם לכהן) ihnen kein Ausfall an der Beute herbeigeführt werde, zuwieder handelte, indem er den Agag leben liess, und somit den Bannstrahl חרם vereitelt hat. Solche wichtige Sünden müssen selbst Priester als unversöhnliche erachten, und so sah sich Samuel wie gesagt gezwungen, gegen Saul zu conspiriren, um demselben die Krone zu entreissen, und solche dem jungen David, seinem Zöglinge, dessen schwärmerisches Gemüth und fügsames Wesen er kannte, aufzusetzen, und so wurde die Najoth zum Zentralorte der Conspiration. Wie wir wissen hatte Samuel diese Agitation geschickt angezettelt; einerseits suchte er durch geheime Einflüsterungen, dass der Jüngling David, der von Gott erwählte zukünftige König sei, den Neid des Saul gegen ihn zu erregen, dass Saul ihn als Conspirator und Usurpator verfolge, damit die Theilnahme des Volkes dem unschuldigen Jünglinge, als

einem Verfolgten sich zuwende. Anderseits unterhielt er zwischen seinen
zwei Jüngeren auf der hohen Schule Najoth, dem Prinzen Jonathan
und David ein Bündniss auf Tod und Leben, und liess auch ein
Liebesverhältniss zwischen der Prinzessin und dem jungen David
anspinnen, um so alle königlichen Nachstellungen und Fahndungen
auf David aus dem Inneren der königlichen Gemächer selbst zu
vereitlen, und zugleich den Saul die Qual erleiden zu lassen, sich
von seinen eignen Familiengliedern an die Najoth, den Mittelpunkt
der Verschwörung verrathen zu sehen, auf dass er zu Hause tobe, und
dann dem 'Volke als Wüthrich von bösem Geiste besessen, dargestellt werde, um dann unter dem Vorwande ihn zu zerstreuen, den
Gegenstand seines Hasses und Neides in seine Nähe zu bringen, damit er wirklich tobsüchtig werde. All diese Ränkestückchen sind
wirklich vor sich gegangen, und wurden sie von den Najoth aus
nicht fein und echt priesterlich geschmiedet? Der Schimpfausdruck
des Saul an den Prinzen Jonathan בן נעות המרדות kriegt somit
seine Bedeutung, dass das Wort נעות in demselben, entweder von
Najoth oder Nabith zufällig oder absichtlich im Zorne dazu corrum-
pirt ist, und derselbe somit den Sinn abgibt : Sohn der aufrühreri-
schen Najoth. Denn dass die Königin Achinoam, Tochter des
Achimaatz, eine verruchte Empörerin gewesen wäre, wird
doch nirgends erwähnt. Uibrigens mag das Benehmen des Samuel gegen den König Saul gerechtfertigt sein oder nicht, meine
Ansicht, dass die Prophetenschule zu Rama nicht im Interesse des
Prophetenthums, sondern vielmehr in dem des Priesterthums vom
Samuel gegründet wurde, um den Prophetismus, oder vielmehr
den Parlamentarismus hintanzuhalten, wird der Forscher allenfalls
bewährt finden, so er nur auf die literarischen Erzeugnisse der
Zeit, welche auf die samuelische Epoche gefolgt ist, seinen Blick
richtet. Scharfe und beissende Philippiken wider Priester und despo-
tische Bedrückung weist diese Zeit nicht auf, was man aber aus
dieser Zeit zu hören bekommt, sind viele Psalmen, Heldengedichte,
Siegeslieder, und Weisheitsgnomen. Ebenso sind uns aus dieser
Zeit keine Propheten ausser Nathan Hanabi, und Gad der Chose,
des David bekannt, von denen ersterer mehr Hofschranz als Prophet, und letzterer mehr abergläubischer Bigott, als erleuchteter
Patriot war, welchem für eine vom Despoten am Volke verübte Ge-
walthat, nicht der Despot, sondern das Volk zu büssen hatte, und
dem die Errichtung eines Opferaltars genügte, eine Missethat zu

sühnen, die den Tod von siebzig tausend Menschen herbeigeführt
hatte. Dieses beweist, dass die erwähnte Hochschule zum Zwecke
hatte, die besseren Köpfe der Nation auf die reitzenden Gefilde der
Poesie und der schönen Künste zu leiten, um sie dem eigentlichen
Prophetismus, der die Politik zu seinem Gegenstande hat, und die
öffentlichen Sitten und Zustände kritisirt, abwendig zu machen. Und
so ist es der samuelischen Politik wirklich gelungen sowohl zur Zeit, als
der Kampf um die Krone noch stattfand, als auch dann, wo durch
die davidischen Siege das Volk von Ruhm berauscht war, wie selbst
auch in der salomonischen Jugendzeit, als der weise Monarch der
väterlichen Politik nachfolgend, den priesterlichen Insinuationen noch
Gehör gab, die im israelitischen Nationalleben sich befehden-
den Momente, Prophetenthum und Priesterthum, zu deren Antagonismus die beiden einander widerstreitenden mosaischen Verfassungen
den Keim schon legten, nicht schroff gegen einander hervortreten zu
lassen. Als aber König Salomo endlich doch die Einsicht gewann,
dass er all zu sehr auf die prunkliebenden Priester gehört hatte,
entschloss er sich das Concordat mit denselben aufzuheben. Denn
selbst seine weisesten ökonomischen Massnahmen, in seinem Lande
Freihhäfen zu eröffnen, um auf diese Weise seine Nation in Berüh-
rung mit dem Welthandel zu bringen, hatten in Folge der priesterlichen Influenz nicht nur keine guten Erfolge, sondern führten
auch den Staatsruin herbei, indem der Export die Landesprodukte
erschöpfte, wogegen die ins Land als Echange eingewanderte Mar-
chandise- generale, bestehend in Silber und Gold, nicht etwa zur
Hebung der Industrie oder zur Förderung der Agricultur verwendet
worden war, sondern diese Schätze wurden theils den Priestern zu
liebe zum Tempelbau, und theils zur Bereicherung dieser Kaste ver-
geudet. Daher strebte Salomo seine Staatsmacht unabhängig von
Religion und Priesterwirthschaft, einzig und allein auf das gegensei-
tige Recht der Staatsangehörigen zu gründen, wie dessen Sentenz,
die wahrscheinlich schon aus der letzten Zeit seines Lebens herrührt,
auch darthut מלך במשפט יעמיד ארץ ואיש תרומות יהרסנה Der König gründet aufs Recht den Staat, der Mann des Zehents (der Priester) jedoch
zerstört denselben," Consequent dieser Politik, bloss als Rechtsstaat
sein Reich zu betrachten, proklamirte er in demselben auch freie
Religionsübung, und gestattete selbst den unter seinem Scepter
lebenden Zidoniern, Moabitern und Ammonitern, ihren Göttern
Tempel zu errichten. Zu dieser Zeit der Religionsfreiheit gewannen

auch die wahren Patrioten, die Propheten, welche für die mosaische
Idee begeistert waren, freien Spielraum, und brachten sich zum Ahronismus in volle Opposition, so dass sie nicht allein wider die heidnischen Religionen, die durch die Aufhebung des Concordats mit
den Priestern sich ins Land eingeschlichen, gluthvolle Philipiken
schlenderten, sondern ihre feuerigen Reden schonten nun auch die
Priester des traditionellen Judenthums nicht, indem sie nur die ante-
eglische Verfassung Moses, und nicht den Ahronismus, der nur
ein Nothbehelf in Folge der Goldkalbsünde war (vergl. Ezechiel
20, 25. וגם אני נתתי להם חקים לא טובים), als Basis für die Theokratie
genommen haben. So opponirte Prophet Hosea dem Ahronismus, indem er im Namen des Ewigen rief: כי חסד חפצתי ולא זבח ודעת אלהים מעלת
„Tugend verlange ich, nicht Schlachtopfer; Gotteserkenntniss ziehe
ich vor den Brandopfern!" Ebenso trat der Prophet Jesaja mit einer
Redemacht, die nur ihm zu Gebote stand, wider das ganze Wesen
des Ahronismus auf (vergl. kap. 1.), wo er sowohl gegen die Opfer,
wie auch gegen das Räucherwerk, wider die Feiertage und den priesterlichen Segen und selbst gegen die Devotion sich heftig auslässt.
Nicht minder hart und geringschätzig sprach Prophet Amos wider
Feiertage und Opfer und den Singsang und Klingklang im Tempel
(vergl. Amos kap. 5, 22. 26.). Daher darf es auch nicht auffallen,
dass im Gegentheil auch die Priester vor nichts zurück schreckten, um
das Wort der Propheten lahm zu legen. So denunzirte Amazja, der
Hohepriester zu Beth-El, den Amos beim König, und ertheilte hinterher ihm den Rath, nach Jehuda sich zu flüchten (vergl. Amos
7, 10. 15.). Ebenso muss man die Stelle (Hosea 4.) merken
אך איש על ירב ואל יוכח איש ועמך כמריבך כהן וכשלת היום וכשל גם נביא
עמך לילה ודמיתי עמך (ich citire diesen Vers corrigirt, wie er ursprünglich gelautet haben musste, bevor er zum Unsinn entstellt wurde),
und es wird somit ersichtlich, dass wie nun so einst die Priester die
Zensur strenge führten, und das freie prophetische Wort verhindern
wollten. Ebsnso finden wir, dass die Bürger aus Enathot, welche
Priester waren, denn Enathot war eine Priesterstadt (vergl. Josua
21, 18.), dem Propheten Jeremia mit dem Tode droheten, so er reden würde (vergl. Jeremia 11, 21.). Desgleichen berichtet Jeremia,
als er im Tempel gegen den Topheth sprach, den man zur Zeit des
Joschija vernichtete (vergl. Könige II. 23, 10.), und zur Zeit des
Jehojakim warscheinlich wieder erneuert hatte, liess Paschchor, Sohn
des Priesters Imer, welcher Strafrichter נגיד בבית ה' פקיד im Tempel war,

den Jeremia wirklich schlagen, und setzte ihn auf die Drehfolter,
so dass der Prophet im Schmerze den Tag seiner Geburt verfluchte
(Jeremia 20, 14, 18). Aus all dem Citirten ist somit zu entneh-
men, welche heftige Opposition die Priester ihrerseits' wiederum dem
Prophetenthum machten. Nun möge man sich nur die Mühe nehmen
(Könige II, 23.) nachzulesen, wie höchst belobend und nichts zu wünschen übrig lassend, die Epoche des Königs Joschija geschildert
wird, und im Vergleiche dazu, auch Einsicht in den ersten zehn Ka-
piteln des Buches Jeremia zu nehmen, deren sämmtlicher Inhalt unstreitig ebenfalls besagte Epoche behandelt, und die Verschiedenheit
der Auffassung, welche sich in den genannten Büchern darthut; wie
einerseits die fromme Priesterschaft, und der für sie gewonnene Pro-
phetenanhang der Reform des Königs Joschija zugejauchzt hatten,
wie diese Glorification eben im Buche der Könige sich kundgibt,
und wie anderseits diese Reform dem wahren Propheten, dem Jeremia, als unmoralisch, bloss äusserlich devotisch erschienen ist, und
wir werden über die Differenz, welche zwischen dem Bestreben der
Priester und dem der Propheten lag, am besten belehrt werden. In
Voranhaltung all dieser vorausgeschickten Auseinandersetzungen
würde es wohl nicht mehr befremden, dass der ausser dem Mose
fast alle Propheten überragende Jeremia im Namen des Ewigen äussert: כי לא דברתי ולא צויתי את אבותיכם ביום הוציאי אותם מצרים על דברי עולה
וזבח „Euere Eltern habe ich weder geboten noch beauftragt am Tage, als ich sie aus Egypten geführt hatte, bezüglich „Brand und
Schlachtopfer", wiewohl aus dieser Zeit im Pentateuch die Opfer-
anordnungen in Hülle und Fülle citirt werden. Denn als echter und
wahrer Prophet sprach Jeremia seine angeführten Worte aus dem
Standpunkte der ersten mosaischen Verfassung, welche die Theokratie
nur durch einsichtige und prevoyante Patrioten hatte vertreten
wissen wollen, wobei wirklich als Einigungsgastmäler der Familien,
die Opfer zwar geduldet, keineswegs aber anbefohlen und angeordnet
worden sind. Dagegen genügt schon, eingedenk des bisher entwickel-
ten, ein Einblick in den Pentateuch damit es kund wird, dass
dieser seiner ganzen Anlage und Diction nach die Tendenz eben hat,
die von Moses zuerst erlassene Verfassung, die prophetische, in
dichten Nebel zu hüllen. Die zweite aber, die hierarchische, in solches Licht zu setzen, dass dieselbe als die vom Gesetzgeber allein
und uranfänglich statuirte angesehen werde, und als ob durch die
Goldkalbsünde kein Systemwechsel in der Gesetzgebung, sondern

ine nichtssagende Zermalmung von Steintafeln vor sich gegangen
wäre. Denn zu welchem Behufe sonst, als den eben besagten Systemwechsel zu vertuschen, hält der Pentateuch in seiner Diction eine
geschichtliche Reihenfolge nicht ein? Zu welchem Zwecke sonst, als
eben vermeinen zu lassen, dass die Priester nicht gleich den Leviten
erst in Folge des sündhaften Erreignisses erwählt worden seien,
sondern dass sie schon uranfänglich bestimmt gewesen wären, die
religiöse Leitung in ihrer Gewalt zu haben, erwähnt der Pentateuch
schon bei der stattgefundenen Offenbarung (Exodus 21, 20.) der Priester?
Ferner, weshalb stellte derselbe die Anordnung der Weihung der
Erstgeborenen ליכל בכור לי קדש mit dem Befehle sie auszulösen וכל בכור בניך
zusammen, obschon die beiden Aufträge unmöglich zu einer Zeit
ergangen sein konnten, indem die Auslösung der Erstgeborenen erst
durch das spätere Ereigniss sich ergab, dass man die Leviten dadurch hat belohnen wollen, dass man sie zur göttlichen Garde machte, weil sie bei Gelegenheit der Goldkalbsünde als willfähriges
Werkzeug und ergeben sich bezeugten (vergl. Exod 33, 29.) so
die gedachte Zusammenstellung der Anordnung nicht darum geschah
um eben glaublich zu machen, dass die Erstgeborenen nur deshalb
der Gottheit geweihet wurden. damit deren Auslösung stattfinde
bei wem aber diese zu geschehen habe, konnte man aus dieser Zeit freilich
nicht bestimmen lassen, um sich kein öffentliches Dementi zu geben: man
sagte daher nur ins blaue hinein וכל בכורבניך תפדה. Aber bei wem sonst wäre
zu vermuthen, wo nicht beim Priester? Es beabsichtigt diese Zusammenstellung somit nichts anderes, als der Meinung Raum zu verschaffen,
als wäre es im Plane des Moses nie gelegen, die Opferung als her-
kömmliche Familienceremonie blos zu dulden, und dieselbe dem
Erstgeborenen der Familie nach herkömmlicher Sitte zu überlassen,
dass er sie an jedem ihm beliebigen Orte verrichte; sondern vom
Anfang an wäre es in seiner Idee schon gelegen. eine Erbpriesterkaste zu
statuiren, dass derselben sowohl der Opferkultus, als die Verkündung
der Gottesstimme mittels Orakels, welche in einer Theokratie die
ganze staatliche Leitung in sich schliesst, anvertraut werde. Oder
wesshalb sonst, schickt der Pentateuch sämmtliche Anordnungen zum
Baue der Stiftshütte der Erzählung vom sündhaften Ereignisse vo-
ran, wiewohl wir aus der Rede Moses (Deutr. 9, 10.) ersehen, dass
dem nicht so war? wo nicht um eben die Wahrheit zu vertuschen
dass das priesterliche Zeremoniell erst durch den Rückfall des Volke
um Apisdienste veranlasst wurde. Endlich aber noch, um meiner

Behauptung die letzte Erhärtung zu geben, ersuche ich sämmtliche Theologen und Bibelforscher, mir eine plausible Erklärung geben zu wollen, wie es komme, dass in der Rede Moses (Deutr. 10) zwischen dem Verse 5, der lautet: ואפן וארד מן ההר ואשים את הלוחות בארון אשר עשיתי „Und ich stieg herunter vom Berge, und that die Tafeln in die Lade, die ich anfertigte, und dem Verse 10, der lautet: ואנכי עמדתי בהר ארבעים יום וארבעים לילה בימים הראשונים „Und ich weilte am Berge eben so lang wie zuvor 40 Tage und 40 Nächte", die Verse 6. 7. die lauten: ובני ישראל נסעו מבארות בני יעקן מוסרה שם מת אהרן ויקבר שם ויכהן אלעזר בנו תחתיו משם נסעו הגדגדה ומן הגדגדה יטבתה ארץ נחל' מים „Und die Kinder Israel zogen vom Beerot- Bne- Jakon nach Mosera, dort starb Ahron, und Elasar, sein Sohn, übernahm statt seiner das Amt eines Hohenpriesters, und von dannen zogen sie nach Gidgod und von Gidgod nach Jotbath, ein Land der Wasserströme, so fremdartig figuriren? Bespricht doch die Rede nun Ereignisse, die sich im ersten Jahre nach dem Auszuge zugetragen hatte, wie gehören da Geschehnisse hinein, die im 40. Jahre nachher vor sich gegangen sind? Ebenso muss es auffallen, warum auch Deutr. 9, der Vers 22. ובתבערה ובמסה ובקברות התאוה מקציפים הייתם את ה' וג' Und in Tabera und Massa und Kibroth Hatava brachtet ihr die Gottheit gegen euch auf, widerspänstigt habt ihr euch gezeigt, seit ich euch kenne, so placirt ist, dass er gar keinen Zusammenhang, weder mit dem vorgehenden, noch mit dem nachfolgenden Inhalte hat, da sowol die demselben vorangehenden, als folgenden Verse noch Ereignisse besprechen, die am Choreb sich zutrugen? Und dennoch wird man das alles schon erklärlich finden, so man nur den Inhalt vom Vers (Deutr. 10, 8.) sich merkt. Dieser lautet: בעת ההיא הובדיל ה' את שבט „Zu dieser Zeit schied הלוי לשאת את ארון ברית ה' לעמוד לפניו לשרתו ולברך בשמו der Ewige den Stamm Levi aus, dass er trage die Bundeslade des Ewigen, Wache zu halten vor dem Ewigen, ihm zu dienen, und den Segen zu sprechen in seinem Namen". Dieser Vers, der doch unstreitig vom Stamme Levi insgesammt, die priesterlichen Ahroniden mitinbegriffen, handelt (indem er auch aussagt, „ihm zu dienen und den Segen zu sprechen in seinem Namen" לשרתו ולברך בשמו Leistungen, die eigentlich nur von Priestern verrichtet werden (vergl. Deutron. 5, 21.), so er mit den gedachten Versen 5, und 10. in Zusammenhang stünde (wie auch wirklich in der urkundlichen Rede Moses, die man am siebenjährigen Versammlungstage öffentlich dem Volke zu vorzulesen pflegte), derselbe unmittelbar nach den Versen 5 und 10 seinen Platz hätte. Denn der Redetext hatte unläugbar früher also lauten müssen,

ואפן וארד מן ההר ואשים את הלחות בארון אשר עשיתי וגו' בעת ההיא הבדיל ה'
את שבט הלוי לשאת ארון ברית ה' לעמוד לפני ה' לשרתו ולברך בשמו וגו' ויאמר
ה' אלי קום לך למסע ינו' וכתבערה ובמסה ובקברות התאוה מקציפים הייתם את ה'
מיום דעתי אתכם-ובני ישראל נסעו מבארת בני יעקן מוסרה שם מת אהרן ויכהן אלעזר
בנו תחתיו ומשם נסעו הגדגדה וגו' . er verkündet demnach offen, dass nicht
bloss die Leviten, sondern auch die Priester erst nach der Anfertigung der zweiten Tafeln, nähmlich erst nach Aufhebung der ersten
Verfassung, eingesetzt wurden; diese Textirung lief aber der Absicht
der Pentateuchsredaktion zuwider; denn die gieng eben dahin, der
Ansicht der Propheten, dass das Erbpriesterthum und der Opferkultus erst in Folge der Goldkalbsünde statuirt wurde, keinen Raum
zu geben. Die Pentateuchsammler mussten daher den Zusammenhang
der mosaischen Redeurkunde stören, die Erwähnung der Geschehnisse zu Tabera und Massa und Kibroth Hatava, die doch dem Zu-
ge nach Mosera vorangegangen waren, mussten nach Kap. 9, hinauf-
geschoben werden, und vor dem Verse 8 musste von dem Tode
Ahrons und dem Amtsantritte Elasars Erwähnung geschehen, um eben
die Worte „zu dieser Zeit schied der Ewige den Stamm Levi aus".
nicht auf die erste Instituirung der Priester und Leviten zu beziehen;
sondern dass dieselbe auf die nachmalige Ausscheidung des ganzen
Stammes Levi zur Zeit des Elasar bei der Volkszählung zum Behufe der Landesbesitznahme, und auf den Antritt der vollständigen
Hierarchie zur Zeit des Elasar und Pinehas deuten zu können. Nun
nach den so vielen nachgewiesenen Windungen, die der Pentateuch
in der Diction nimmt, um den Systemwechsel in der Gesetzgebung
zu verdecken, und die zwei Verfassungen, die von mir Mosaismus
und Ahronismus genannt werden, welche aber in der Volkstradition
unter dem Namen erster und zweiter Steintafeln benannt waren, und
so während des ganzen Verlaufes der nationalen Entwicklung Anlass
zu dem obwaltenden Kampfe vom Priester- und Prophetenthume geben, derart zu amalgamiren, um deren Dualität in Abrede stellen
zu können, läugne noch, wer da könne, dass eine Fusion zwischen
den Richtungen der Propheten und Priester herbeizuführen, die
Tendenz desselben sei. Was mich betrifft, kann ich unmöglich in
der Pentateuchschrift gedachte Tendenz verkennen. Würde man aber
glauben, dass ich genannter Tendenz halber diese Schrift minder
achte, würde man gewaltig irren; vielmehr ist dieselbe mir um so
heiliger als daraus das Streben kund wird, soweh in der

religiösen Gesetzgebung, als im nationalen Leben die einmal bestan-
denen Gegensätze zu verschmelzen, was ihr auch wirklich ganz gelungen. Daher darf es nicht mehr Wunder nehmen, warum man zur
Zeit des Königs Joschia, als diese Schrift aufgefunden wurde, die
Erkundigung über deren Wahrheit und Echtheit bei der Prophetin
Chulda, und nicht bei den Propheten Zephanja und Jeremia eingezo-
gen hatte; denn vermuthlich war vom Jeremia und Zephanja, die
auf dem Boden des reinen Prophetenthums standen, nicht anders
zu erwarten, als dass sie gegen dieselbe Opposition machen würden.
Aber wozu noch länger innehalten und nicht offen kundgeben, was
ich entdeckte, dass der Prophet Jeremia gegen den zu seiner Zeit
im Tempel aufgefundenen Pentateuch wirklich einen förmlichen Protest eingelegt hat (siehe Jermia 8,), nachdem der Prophet gegen eine
gewisse Clique von Propheten und Priestern loszieht, spricht derselbe also: (עׂשׂה) איכה האמרו חכמים אנחנו תורת ד' אתנו אבן הנה לשקר עׂשׂו
עט שקר סופרים וג'ו לכן אתן את נשיהם לזרים ושדותידם ליורשים נאים ד' כי מקטן
ועד גדול כלה בוצע בצע מנביא ועד כהן כלה עוׂשׂה שקר ויראפו את שבר בת עמי
על נקלה לאמר יׂליׂם ואין שלום „Wie könnt ihr sagen: Weise sind wir,
und die Gotteslehre ist bei uns, fürwahr! trügerisch arbeitete der
lügnerische Griffel der Schreiber, darum (weil sie die nationale
Tradition gefälscht und gestört haben, werde ich in ihre Tradition
ebenfalls Störung bringen) werde ich ihre Weiber an Fremde ver-
schenken, und ihre Aecker an lachende Erben; denn von Klein bis
Gross strebt alles nach Gewinn, sowohl Prophet als Priester, Alles
übt Trug, und sie heilen den Bruch meines Volkes leichthin, zu behaupten Friede und Einmüthigkeit, wo es Friede und Einhelligkeit
nicht geben kann". Dies sind des Propheten eigne Worte, und
äugne noch wer da will, dass sie einen eclatanten Protest, gegen eine
Schrift enthalte, welche von einer Priester- und Propheten-Coalition
ausging, und die, obgleich sie die Tradition in fusionistischem Interesse
fälscht, und verwirrt, dennoch als die wahre göttliche Lehre ausgegeben
wird. Daher darf es auch garnicht auffallen, dass bei der Heimkehr aus
dem babilonischen Exil dem Serubabel und dem Hohenpriester Josua
in ihren patriotischen Bestrebungen diese Schrift so wenig Hinderniss
gab; Esra, der Priester und Schriftgelehrte war es erst, welcher
die Pentateuchschrift zur Geltung brachte, und der Talmud äussert
sich demnach über ihn mit Recht ראוי היה עזרא שתינתן התורה ע' ידו
„Esra wäre geeignet gewesen, dass durch ihn dem Judenthume die
Thora gegeben werden sollte".

§ 13.

Die Nothwendigkeit einer Baubasis für eine Reformation im Judenthume, und deren Entdeckung.

So von erforderlicher Reform im Judenthums die Rede ist, citiren gewöhnlich die Stationären die Bekannte Stelle im jerusalemischen Talmud : התורה הזו דימה לכיפה של אבנים כיון שנתרועעו אחת מהן נתרועעו כולן Die Thora ist einer steinernen Wölbung gleich, die gänzlich einstürzt, wenn auch nur ein einziger Stein darin gelockert wird. Hiemit wird zu verstehen gegeben, dass es an einer genügenden theologischen Basis gebricht, um Reform n im israelitischen Rituale vornehmen zu können. Demzufolge könnte eine zum Behufe vorzunehmender Reformen zusammengetretene Theologensynode nicht nach Prinzipien, sondern nach willkürlichem Ermessen vorgehen, um manche Ritualien zu erhalten, und die anderen preiszugeben. Wollten aber auch die Reformbestrebten wirklich den Zusammentritt einer solchen Theologensynode veranlassen, welche massgebend zu entscheiden hätte, was aus dem Rituale, als mit dem Culturzustande unserer Zeit in keinem Einklange mehr stehend, auszuscheiden, und was als zeitgemäss zu belassen wäre ; so würden die Bequemen und Gemässigten, die leider! so gerne die Klugen spielen, wenn auch auf Kosten der Wahrheit, diesem Streben entgegen treten, äussernd : Theologisch genommen, kann man ja an dem Rituale nicht rittelen, was aber die Incommodität der Ritualien anbetrifft, so ist's wahrlich nur lächerlich, dass eine Theologensynode dieselbe uns kundgebe, und rau en den Reformern das bekannte hillelische Sprichwort zu: דנח לדם ליישראל אם הם אינן נביאים הם בני נביאים ,,Möge man nur Isral sich selbst überlassen; sind sie auch selber keine Propheten, so sind sie doch Abkömmlinge der Propheten, und werden schon Reformer nach Comfort von selbst abgeben." So werden gewöhnlich die Reformanstrebenden verscheucht, und verhöhnt verlassen sie die Arena. Bleibt aber etwa Alles beim Alten? Schliesset nicht die Augen, meine lieben Stationären! Nein! Ein jeder reformirt die Religion nach eigner Façon. Und so kriegen wir bereits ein wahrhaft buntscheckiges Judenthum, dessen Schilderung wohl eine bei weitem geschicktere Feder als die meinige erfordert. Aber ich muss auch zu bedenken geben, ob ein die Religion nach Comodität reformirender Familienvater seinen Kindern gegenüber nicht etwa allzu oft in Widerspruch komme ? Ob dem Kinde durch die Comfort Reform mit der religiösen Erziehung etwa schon keine Lüge, Heuchelei und Gleissnerei eingeimpft werden? Zwar höre ich bereits die superklugen Gemässigten erwiedern: Thut nichts! Indessen erhält sich die Religion, und dass sie mit einer nicht unbeträchtlichen Portion von Heuchelei und Gleissnerei in Accord stehen kann, haben wohl die Priester und Pfaffen von jeher genugsam gezeigt. Allein man darf nicht ausser Acht lassen, dass Priester und Pfaffen immer nur eine vereinzelte Klasse gebildet haben; im Grossen und Ganzen der Glaubensbekenner aber aufrichtige und wahrhaftige Ritualachtung vorwaltend war, wogegen die Self- Reformation es nun herbeiführt, dass jeder Familienvater seinen Kindern gegenüber jeder Ehemann gegenüber seiner Ehenhälfte, ja jeder Israelite seinen, Glaubensgenossen gegenüber priesterliche und pfäffische Rolle übernimmt. Glaubt man etwa auf diese Weise dem Wunsche des Ewigen, dass Israel ein heiliges Volk, ein Volk von Priestern bilde, zu entsprechen? Aber wozu der Worte viel? Das Uibel wird bereits tief gefühlt, und ich bin überzeugt, dass trotz manchem Seminar möchte eine wahre, ins Leben eingreifende, nicht bloss eine auf die Bethäuser beschränkte religiöse Reform schon durchdringen, so es nur gelingen könnte, die wahre historisch theologische Basis für dieselbe zu finden. Zwei Religionsreformationen sind aus der Geschichte uns bekannt, und die sind im Judenthume die caraitische und im Christenthume die protestantische, und beide erhielten die erforderliche theologische Basis. Der Caraismus nahm zu seinem Grunde die schriftliche Lehre, und desavouirte die mündliche, den Talmud, und der Protestantismus erachtete nur als Autorität die Evangelien, und wollte von den Kirchenvätern nichts wissen. Auf welchen theologisch autorisirten Grund, sollte aber eine nun vorzunehmende radicale Reform basirt werden? Sollte man etwa zur Pentateuchschrift zurückkehren, und ihr allein die Autorität zu erkennen aller talmudischen Casuistick den Gehorsam versagen? Um Gotteswillen, meine Gesinnungsbrüder, lasst euch darauf nicht ein! glaubet mir, als dem Jünger der ersten rabbinischen Autoritäten Polens, wir werden so nur von der Scylla in die Charybdis gerathen, und es würde uns dann bei weitem schlimmer ergehen, als wir nun daran sind; denn dann stünden wir mit einem Wort auf dem starren Standpunkt des Karaiterthums, während die Talmudisten immer doch einen möglichen Statusvivendi zu schaffen strebten. Somit kann uns der Pentateuch als Reformbasis für die Jetztzeit unmöglich abgeben; und es bleibt daher für diejenigen, welche die Reform im Judenthume anstreben,

immerhin ein zu lösendes Problem, welche theologische Basis sollte
man eigentlich der israelitischen Religionsreform zu Grunde legen?
Zwar höre ich manchen Reformer schon lostoben: Sind wir doch
keine Caraiten, sondern Rabbiniten, und unser Bestreben beruhet
auf dem geschichtlichen Grund, dass Reform in Uibung war, dass
man nämlch Zeit und Umständen gemäss die Thoravorschriften immer interpretirt, gemodelt ja viele derselben auch gänzlich aufgehoben hatte; und dieses Recht und diese Befugniss wollen auch wir
ungeschmälert eben so, wie die Sophrim, die Männer der Halacha,
die Tanaiten, Amoriten und Gaoniten für uns in Anspruch nehmen,
manche der Vorschriften gänzlich aufzuheben, manche umzugestalten,
umzuformen und um manche Gebote einen Zaun נדר zu errichten
und von manchen deren Zaun abzubrechen, um dadurch theils den
Umständen und der Lage, theils der erhöheten Culturstufe Rechnung
zu tragen. Habe das עת לעשות לד' הפרו תורתך unsere Ahnen in einer
noch unfortgeschrittenen Zeit angespornt, Reformen im Religionsrituale
vorzunehmen, wie sollen Männer des neunzehnten Jahrhunderts sich
nicht angeeifert fühlen, um das Judenthum der Idee des Fortschrittes näher zu bringen, zur Vornahme der Reform zu schreiten. Mit
diesen und ähnlichen Einwürfen sehe ich manchen Reformer gegen
mich schon losstürmen, worauf ich ruhig entgegne: Ich beabsichtige
nicht, den Grund zu erforschen, der uns zur Reform berechtigt;
sondern ich möchte die Baubasis, nämlich die Basis, auf welche die
israelitische Religionsreform erbauet werde, kennen lernen. Es möge
mir gestattet werden, meine Frage deutlicher zu stellen. Bekanntlich war der israelitische Religionscharakter ursprünglich ein durch
und durch socialer; der Ewige, der Schöpfer des Weltalls, war Israels Freiheitsheld, sein Herzog, eroberte ihm ein Vaterland, und war
sein Gesetzgeber, bestimmte ihm das civil- criminal- und politische
Recht, und die polizeilichen Sanitätsvorschriften; er war dessen Re-
gent, Besteurer und Landesherr, und selbst späterhin, als das Kö-
nigthum eingeführt wurde, gab im Sinne der Religion der König
nichts anders ab, als einen vom Ewigen für seinen Staat eingesetz-
ten Administrator. Vernünftiges, sociales und sittliches Leben
דעת צדק וקדושה war dem Israeliten somit die Religion. Dem Ewigen
diente der Israelite vorzugsweise, nicht durch Devotion; מצוח אין
צריכות כונה sondern durch die Erfüllung des Gesetzes, welches der Ewige, sein König, ihm angeordnet hatte. Späterhin als
der israelitische Staat unter fremde Bothmässigkeit der Perser und

der Griechen gerieth, versuchten die Männer der grossen Synode אנשי כנה״ג der israelitischen Religion ihren socialen Charakter ein wenig zu benehmen, so dass, statt dass bis zu dieser Zeit in Israel nur ein Verhältniss von Israel zu seinem Könige geherrscht hat, dazumal auch eines vom Menschen zu seinem Schöpfer, zum Welturheber, sich mehr und mehr geltend zu machen begann, und nicht nur dann die Idee der jenseitigen Vergeltung auftrat, sondern auch im Ritus entstanden dann die Gebete, תפלות die Segensprüche ברכות und überhaupt die Theilnahme des Volkes am Gottesdienste mittels einer beständigen Representation im Tempel. אנשי מעמד In der folgenden Periode waren es die Nasiräer, welche die Religion ihres socialen Charakters entkleideten, und als endlich die Essäer auftraten, welche die bestehenden socialen Verhältnisse sogar ankämpften, um einzig und allein die Beziehung des Menschen zum höchsten Wesen durch theosophische Beschauung zu pflegen, da drohete der israelitischen Religion Gefahr, ihren socialen Charakter fast gänzlich einzubüssen, wie es der christlichen Lehre, welche die essenische Idee inkarnirt hat, auch in der That erging, dass sie in der Religion nur die unbestimmte Relation zwischen dem Menschen und Gott erblickte. Auch war sie es, welche die gänzliche Trennung der Religion vom socialen Leben lehrte, und die Evangelisten führten daher die Worte Christi*) an : „Gib dem Kaiser was des Kaisers ist, und Gott, was Gottes ist", und die ähnliche Aeusserung desselben : „Mein Reich ist nicht von dieser Welt." Ebenso sind meines

---

*) Der Name Christus ist meines Erachtens nicht vom *chrio* salben, sondern von *Christerio* das Opfer abzuleiten. Als Beweis möge man die Stelle Mischna Psachim dienen, die lautet: אע״פ שאין חרומת מצוהראא״ מצוה ובמקדש היו מביאין לפניו גופו של פסה woraus deutlich zu ersehen ist, dass nach der Tempelzerstörung das חרומת Chrest das Opfer des Osterlammes im Zermoniel wirklich vorstellte, wie es übrigens auch im Talmud ersichtlich ist, wo das חרומת oder Chrest auch חריך nämlich Gebratenes heisst, indem es an das Opfer des Osterlammes errinnerte, welches gebraten und nicht gekocht gegessen werden musste. Nun fand aber die Kreuzigung Jesu um die Ostertage statt, und Jesu deshalb das Osterlamm benannt wird; das Chrest oder חרומת vergegenwärtigte also auch Jesum, und im Abendmahl, im Chrest nimmt man ihn auf, ebenso wie im Chrest oder חחרומת das Opfer des Osterlammes eingenommen ward. Das Opfer des Osterlammes bewirkt nach israelitischer Anschauung die Erlösung vergl. Exod. 12, 27. und die Erlösung vom Tode wurde auch Jesum vindicirt.

Erachtens in diesem Sinne die zwei eutgegengesetzten Sprüche desselben aufzufassen, von denen der eine lautet: „Wer nicht für mich
ist, der ist gegen mich;" wogegen der andere aussagt: „Wer nicht
gegen mich ist, der ist für mich". Denn in Wahrheit widersprechen
sich dieselben nicht; indem erstere auf das Verhältniss des Menschen zu seinem Schöpfer, das eigentliche Wesen der christlichen
Lehre, sich beziehet; während letzterer Bezug auf die menschliche
Sociation hat, um kundzugeben, dass wie staatlich gestaltet dieselbe
auch sein möge, stimme sie mit seiner Lehre übereinstimme; so sie nur
derselben sich nicht widersetzt, und ihr Hindernisse bereitet. Allein
die Spaltung der Gesittung in religiöses und sociales Leben, welche
Verirrung hatte sie nicht zur Folge! Das Verhältniss des Menschen
zum Schöpfer, welches aufwärts hin vermöge der prevoyanten menschlichen Thätigkeit wirklich im religiösen Bewusstsein der Menschen
existirt, und sich natürlich im vernünftigen socialen Leben derselben
objectivirt, musste nun einer mysteriösen Relation Platz machen, die
vermöge blinder und gläubiger Devotion sich bethätigte, um im
Mönchwesen objectivirt zu werden. Ebenso weil im religiösen Bewusstsein zwischen dem Menschen und dem Schöpfer ein neues Verhältniss sich gestaltete, das ausserhalb der prevoyanten Thätigkeit
nach ihren beiden Sphären, der Erkenntniss und der socialen Pflicht-
erfüllung lag, musste auch hinsichtlich der Moral die sogenannte
christliche Liebe sich geltend machen, deren Grundsatz lautet: „Liebe Gott, und du liebst die Menschen"; wogegen der israelitische
Grundsatz umgekehrt: „Liebe die Menschen, und du liebst Gott",
lauten würde. Möge man beiläufig nur bemerken: Sowohl Rabbi
Akiba als Ben Asai, als sie das höchste und umfassendste Thora-
prinzip aufsuchten, hat der Eine die Nächstenliebe, ואהבת לרעך כמוך
und der Andere den Humanismus überhaupt זה ס'תולדות אדם וגו' עשה אתו,
zum höchsten Prinzipe aufgestellt, keinem von beiden aber fiel es
ein, den Vers: ואהבת את ה' ה' אלהיך „Liebe deinen Gott", zum höchsten Grundsatze zu stempeln. Denn wahrlich erst dadurch, dass
wir theoretisch und praktisch prevoyant thätig sind, ziehet die
Gottheit in uns ein, wie der weise und bescheidene Hillel uns eben
lehrt: אם אתה תבא אל ביתי אף אני אבא אל ביתך „So du in mein
Haus kommst, komme ich auch in das deine." Dass aber Hillel unter
ביתי nichts anders, als die prevoyante Thätigkeit nach den beiden
gedachten Sphären verstand, beweisen die Verse (Num. kap. 12, 7, 8.),
wo dieses Wort in der Bedeutung der Vernunft im Gegensatze zur

Phantasie vorkommt: ‏אם יהיה נביאכם ד' במראה אליו אתודע וגו' לא כן‎

‏הוא עבדי משה בכל ביתי נאמן הוא‎ „So euere Oration die Gottessache enthält, so spricht ihr Geist nur vermöge der dichterischen Phantasie; nicht so verhält es sich mit meinem Diener Moses, in meinem ganzen Hause ist er vertraut, der Geist seiner Oration spricht wissenschaftlich klar ohne Phantasmagorie. Mithin ist es im Sinne des Judenthums erforderlich, zuerst in die Gotteshalle zu kommen, prevoyant praktisch und theoretisch thätig zu sein, um in uns den göttlichen Geist einzuführen, und es genügt nicht, denselben bloss durch Wünsche und Gebete einzuladen. Uiberhaupt haben die Gebete theologisch genommen keinen andern Werth, als dass sie vom Menschen dem Schöpfer gegenüber bindende Erklärungen sind, prevoyant zu handeln, und ähnlichen darum den Programmen, welche Minister in den gesetzgebenden Körpern abgeben, sie schaffen zwar momentane Beruhigung und rufen oft Vertrauensvoten hervor; werden aber dann um so strafbarer, als das Handeln gemäss derselben ausbleibt. Das Judenthum kann sich somit mit dem Prinzipe: „Liebe Gott und du liebst die Menschen", nicht einverstanden erklären (vergl. Jesaias 58, 2).

‏ואותי יום יום ידרשון וגו' כגוי אשר צדקה עשה ומשפט אלהיו לא עזב ישאלוני משפטי‎

‏צדק קרבת אלהים יהפצון‎ „Tag täglich tragen sie Verlangen nach mir und streben nach Erkenntniss meiner Wege, einem Volke gleich, welches stets die Tugend geübt, und die Vorschrift seiner Gottheit nie verliess, begehren sie von mir Gnadenbeschlüsse und heischen die göttliche Annährung"; sondern sein Prinzip muss umgekekrt, „Liebe die Menschen und du liebst Gott", lauten. Wie weit diese beiden erwähnten Prinzipien auseinandergehen, wiewohl sie beide die Liebe zu Gott mit der Menschenliebe identificiren, ergibt sich am besten aus der Resultirnng; da wo das erste Prinzip prävalirt, gemäss welchem die Gottesliebe die Gottesnähe, mittels Gebet, Zerknirschung und blinden Glaubens (im Unterschiede von Vertrauen) zuförderst vor der Menschenliebe angestrebt wird, da ist freilich gänzliche Trennung des socialen Lebens von der Religion nur als Fortschritt anzusehen, und herbeizuwünschen, damit Proselitenmacherei, Inquisition, Ausschliessung Andersdenkender vom Staatsleben nicht als Menschenliebe sich ausgebe. Ein ganz entgegengesetztes Bewandniss aber dürfte es haben, so die Religion das Prinzip: „Liebe die Menschen und du liebst Gott", zur Grundmaxime hat, da muss wahrlich die Idee, Religion und sociale Gesetzgebung zu sondern, aufgegeben werden; indem bei der Entkleidung der Religion ihres socialen, und umgekehrt der Staatsgesetzgebung, ihres religiösen Charakters, sowohl die Eine als die Andere retrogradiren. Denn in der That verursacht diese Trennung einerseits, dass das Religionsceremoniel, welches vor dem Forum der Vernunft hinlänglich gerechtfertigt dasteht, insolange die Religion den socialen Charakter trägt (vergl. Mendelssohns Jerusalem), zur blinden zwecklosen Werkheiligkeit erniedrigt wird, und anderseits büsst auch die Staatsgesetzgebung dadurch, dass sie von der Religion geschieden wird, ihren erhabenen Schwung ein, und wird ein Raub des krassen Materialismus. Wie es scheint ist dem Scharfblicke unserer religiösen und socialen Leiter zur Zeit des Verlustes der Reichsselbständigkeit durch die Römer diese Einsicht nicht entgangen, die sämmtlichen socialen Einrichtungen, wie dieselben zu jener Zeit aus den mosaischen Vorschriften deducirt bestanden haben, in die Religion zu verlegen; damit durch den Sturz des Reiches die Religion den socialen und realvernünftigen Charakter, der ihr von Moses verliehen wurde, nicht einbüsse, und zu einsichtsloser Devotion herabsinke. Und so hat Israel selbst ohne lebendige Nationalsprache die es einigte, ja trotz des Verlustes des heimathlichen Landes, wodurch es nach allen Weltgegenden hin unter die Völker der Erde zerstreut wurde, nicht nur seine Religion, sondern auch sein eigenthümliches sociales Leben bis auf nun behalten, und lebt nicht nur in gesonderten Familienverhältnissen geschieden von den Völkern, unter denen es weilt, sondern hat auch eigne Nationalfeste, eigne Nationalhoffnungen und Erwartungen, eigne Begriffe von Ehre und socialer Pflicht bewahrt, und hatte bis vor kurzem noch eigne Rechtsformen und eine ihm eigne Gerichtsbarkeit. Mit einem Worte, Israel hat bis vor Kurzem, wenngleich auch nicht, wie dessen Feinde behaupteten, einen Staat im Staate gebildet, indem dessen Staat in der Idee nur gelebt, und den Staaten keinen positiven Schaden zugefügt; jedoch hat es unläugbar innerhalb der Staatsgesellschaften eine staatliche Gesellschaft abgegeben, wozu es auch befugt war, als die Staatsgesellschaften es bloss tolerirten. Nun aber, als die meisten Staaten ihm die Gleichberechtigung in jeder Beziehung zuerkannten, so muss es wahrlich auch für Israel bereits eine Gewissensfrage werden, ob es von ihm human wäre, noch ferner-hin von den Staatsassociationen, die es mit offenen Armen aufnahmen, ein getrenntes Socialleben zu führen? Ja die aufrichtige sociale Einigung beginnt bereits an die Pforte des Gewissens zu pochen, um ihren Einlass in's religiöse Bewusstsein zu ertrotzen. In Voranhaltung

dieser Auseinandersetzug geht das Problem, das ich gelöst wissen
will, klar und deutlich hervor, welche theologische Basis die Reformer wählen dürften, um einen soliden Reformbau aufzuführen?
Sollen sie das Judenthum ins specifisch Sociale und ins specifisch
Religiöse scheiden, um ersteres abzustellen, und bloss an letzteres
sich zu halten? Deutlicher gesprochen, sollen sie blos auf Tempel und
Synagoge das Judenthum beschränken, und mittels dessen nichts
sonstiges anstreben, als der vom israelitischen Individuum dem Schöpfer und Regierer des Weltalls gegenüber empfundenen Dankbarkeit
mittels Lieder, Bitt- und Dankgebete, Ergiessungen und Zerknirschun-
gen Ausdruck zu geben, und hiebei zuweilen von Seiten der Gottheit die Menschenliebe, die Brüderlichkeit durch leere Phrasen an-
empfehlen. Wahrlich ein der Art gestaltetes Judenthum kann ein
wahrer Denker unmöglich als einen Fortschritt ansehen. Möge man
sich nur vergegenwärtigen, dass nicht die monotheistische Uiberzeugung
allein ganz die israelitische Religion ausmacht, und dass fasst
sämmtliche Philosophen von der Existenz eines einigen geistigen
Weltschöpfers und Lenkers überzeugt sind, und indessen beiweitem
noch keine Bekenner der israelitischen Religion abgeben. Ebenso
darf es auch anderseits der Beachtung nicht entgehen, dass die Forschung über die Natur des cosmischen Urhebers manchen Israeliten
vielleicht gleichgültig liesse, so er nicht zum eignen Troste mit demselben in geistigen Verkehr treten müsste, und man wird einsehen,
dass die Aufgabe jedes religiösen Strebens vorzüglich darin liegt,
die Correspondenz vom Mensehen zu seinem Schöpfer zu pflegen,
damit er fähig werde, des unendlich gespendeten Segens theilhaftig
zu werden. Nun gilt doch dies unstreitig eben als die höchste Zierde
des Judenthums, dass in demselben nicht nur die Gotteserkenntniss
eine wahre und vernünftige ist, sondern selbst die vom religiösen
Bewusstsein zwischen dem Menschen und dem Schöpfer gedachte Relation nur innerhalb des menschlichen Raisonnements, nicht im Mystriösen
ihren Weg hat, indem nach der Uiberzeugung desselben die menschliche Annährung zur Gottheit nur von Erfüllung von Institutionen
abhängt, die von der Vernunft, wenn gleich nicht ins gesammt
bis auf jetzt, jedoch einstens sämmtlich social gebothen waren.
Um auf diese gedachte hohe Eigenschaft des Judenthums eben aufmerksam zu machen, suchten unsere weisen Theologen, dem Verse: אותי עזבו
ואת תורתי לא שמרו die Deutung beizubringen: אותי עזבו ואת תורתי לו שמרו
„Es wäre nur zu wünschen, dass sie lieber mich verliessen und

aufgäben, wenn sie nur meine Lehre beobachten wollten!'' Wie dürfen wir demnach das Judenthum, namentlich die israelitische Religion, so erniedrigen, dieselbe ihres socialen Charakters, wobei für die zwischen der menschlichen Creatur und der Gottheit anzustrebende Relation bereits die Vernunft, als das all einige Medium gilt, zu berauben, um derselben für die besagte Relation ein Medium, wie das des Gebetes, des Winselns, der Devotion und der Zerknirschung zu unterschieben, durchgehends Mittel, die wohl in der Natur des Menschen als Animal, keineswegs aber als Intelect begründet sind? Desgleichen würde auch einem derart gestalteten Judenthume jede Mission ermangeln; denn thätige Verbreiter des Monotheismus sind einmal die Israeliten nicht, die Mohamedaner wirken in dieser Hinsicht beiweitem mehr. So nun dem reformatorischen Anstreben gemäss die Israeliten auch nach Jerusalem, um daselbst wie ein Phönix aus der Asche als Nation zu ersteiien, ihre Blicke nicht mehr richten; sondern die gesonderten socialien Bestrebungen und Hoffnungen in Leben und Lehre gänzlich aufgebend, sich mit Leib und Seele den Staatsgesellschaften, zu denen sie gehören, anschliessen würden, welcher Missionsinhalt bliebe dann dem Judenthume übrig ausser demjenigen, der Vorbereitung auf das Jenseits? Fordert aber ein solcher Missionsinhalt, damit man gegen denselben nicht gleichgültig werde, nicht nothwendig die irrige Meinung der Alleinseligmachung, welche die herbeizuführende sociale Einigung eben am meisten hindert? Es fragt sich daher, auf welche historisch-theologische Grundbasis darf eine israelitische Religionsreform aufgeführt werden, die, obschon sie dem Juden·thume das exelusive sociale Leben benehme, sie dennoch die Religion weder erniedrige (ihr sensuale und trübe Comunicationsmittel zwischen den Menschen und dem Schöpfer zu geben להיות עושה נזירות ואין אלא רחמים הקב"ה של (מדותיו, noch sie ohne jeden Missionsinhalt lasse. Ich suche die historisch theologische Basis, weil der Mensch einmal ein blos raisonirendes Wesen nicht ist, sondern er ist auch ein Produkt der Zeiten und Ergebnisse, die ihm vorangin_gen; auf die ererbte monotheistische Idee allein aber die Reform zu basiren, ist schon darum nicht thunlich, weil so für die Religion Abraham in den Fordergrund (da die monotheistische Idee traditionell an ihn sich künpft) Moses aber, Israels grösster Heros in den Hintergrund treten müsste, was wahrlich nur ein historisches Absurdum wäre. Bildet aber wirklich diese erwünschte Basis den

Stein der Weisen? Darauf muss ich mit entschiedenem „Nein!" antworten, und vielmehr behaupten, dass nach den Ergebnissen, die
man aus der vorangeschickten Kritik über den Pentateuch gewinnt,
deren Auffindung uns sehr nahe liegt. Nirgend wo anders, als in
der von Moses ursprünglich vor der Goldkalbsünde erlassenen Verfassung, die im Gegensatze zur zweiten, welche der Ahronismus ist,
schlechthin der Mosaismus benannt wird, dürfte die israelitische Religionsreform ihre wahre und echthistorische Basis erlangen. Wie ich
nachgewiesen, war es diese Verfassung allein, welche für unsre Propheten massgebend war, und somit ist ihr Boden schon hinreichend
historisch autorisirt, dass derselbe auch einer nun vorzunehmenden Religionsreform, als die erwünschte Basis dienen könnte. Die ursprüngliche mosaische Verfassung, die als Organ der Theocratie, nämlich
zur Manifestirung des relativen göttlichen Willens, nichts anders,
als eine Prophetenversammlung, nämlich ein mittels Soufrage universel hervorgegangenes, prevoyant thätiges Patriotenparlament eingesetzt hat, eröffnet einem darauf basirten Judenthume erst die wahre reale Mission. Diese Mission bestünde darin, die Völker auf die
hohe mosaische Idee zu leiten, nicht nur die Wahrung der staatli
chen, sondern zugleich auch die der religiösen Interessen einzig und
allein einem von Zeit zu Zeit mittels Suffrage universel hervorge
gangenen, democratischen Parlamente anzuvertrauen, so dass, was dasselbe als recht und billig zur Veredlung der Gesellschaft beschliesst,
schon als der relative Gotteswille in Bezug auf den Menschen angesehen werde, und somit auch als der Religion entsprechend gelte.
Demokratien haben das Schicksal, in Materialismus zu verfallen;
Theokratien aber in Hierarchien auszuarten. Wie aber, wenn gemäss
dem Prinzipe, vox populi vox dei, ein von Zeit zu Zeit zusammentretendes
demokratisches Parlament statuirt würde, welches von der öffentli
chen Meinung getragen wird. und daher mit כתר שם טוב der
Krone der allgemeinen Hochachtung gekrönt ist, sowohl über die
politische Macht כתר מלכות als auch über die religiöse כתר כהונה und
endlich über die der Wissenschaft כתר תורה, inwiefern dieselben
sämmtlich zur Anwendung in die Gesellschaft kommen, einzig und
allein die allgemeine Vernünftigkeit manifestire, die für das religiöse Bewusstsein mit der göttlichen Stimme identificirt wird? Dies
wäre ganz die erhabene Idee des Moses in seiner ursprünglichen Verfassung, und die Menschheit hat noch einen unermässlichen Progres
anlauf zu machen, ehe sie zu derselben gelangen wird. Eine israeli-

tische Religionsreform, welche also diese Verassung zu ihrer Basis nimmt, würde demnach nicht blos darin den autorisirten Boden finden, worauf sie sich stützen könnte, sondern es würde sich ihr auch ein unermesslicher Missionsraum für die Zukunft eröffnen. Aber auch für die Gegenwart schon, und innerhalb des Judenthums selber, möge man zunächst nur den Ahronismus (welcher dann im geschichtlichen Verlaufe das Pfaffenthum, die Clerisei und das Mönchswesen, den Cabalismus und den Chasidismus erzeugt hatte) als die ahndende Folge der Goldkalbsünde betrachten, wie laut der Bestimmung עלידם טמאתם ליום פקרי ופקדתי gedachte Sünde mittels ihrer Ausgeburten an Israel, und somit an sämmtliche civilisirten Völker, bis auf nun noch sich rächt, und als dem Mosaismus entgegengesetzt, vom Judenthume ausscheiden, und die unmittelbar noththuende Reform würde vor dem Forum des religiösen Bewusstseins, als ausgeführt und gerechtfertigt dastehen. Denn zufolge des Mosaismus allein dürfte das Judenthum weder gehalten sein, nur nach Jerusalem sein Augenmerk zu richten, denn dieser lehrt: כל המקום אשר אזכיר את שמי אבא אליך וברכתיך, noch verbunden sich fühlen, vieles unzeitgemässe Zeremoniale und Rituale beizuhalten. Als z. B. פדיון הבן die Auslösung des Erstgeborenen beim Priester, איסור גרושה לכהן das Verbot der Verehlichung einer Geschiedenen an einen Priester, איסור טומאת כהן למת die Entfernung der Priester von der Leiche, ברכת כהנים und den Priestersegen.

Desgleichen konnte die Chaliza (חליצה) dann füglich abgestellt werden, denn wahrlich ist der Chaliza-Act nur eine Genugthuung für die Schwägerin, dass sie den Bruder ihres kinderlos verschiedenen Gatten öffentlich beschimpfe, weil er mit ihr in die Leviratsehe nicht eingehen will. Demnach brauchte nun, da die Leviratsehe verboten ist, auch der Chaliza-Act gar nicht statt zu finden. במקום שאין יבום אין חליצה Allein da kommt der Ahronismus inzwischen, und zwingt zur Vornahme des Chaliza-Actes, um eine solche Witwe von der gewöhnlichen Witwe zu unterscheiden, damit sie als verstossene (גרושה מאישה) betrachtet werde, um die Verehlichung derselben an einen Priester zu verhindern; also mit dem Wegfalle des Ahronismus würde es auch gar keine Gesetzesnöthigung geben, den Chaliza-Act vorzunehmen. Ebenso verhält es sich mit dem (איסור עגונה) Verbote, dass die verlassene Ehegattin in keinen andern Ehebund eingehe, wodurch sie schutzlos fürs ganze Leben bleibt. Dieses Verbot könnte einfach im Geiste und Sinne der

heiligen Schrift durch die Ertheilung eines Scheidebriefes
von Seiten des Gerichtes, wie dies bei den Caraiten wirklich geschie-
het, zum Glücke mancher Familie unschädlich gemacht werden,
indem die Talmudisten nur darum an ihrer Maxime נט כורתה
ואין דבר אחר כורתה festhielten, und keine gerichtliche Scheidung zuliess-
sen, weil man eine solche Geschiedene גרושת ב״ד nicht füglich dem
Priester hätte verbieten können, da beim Verbote der Geschiedenen für denselben der Pentateuch ausdrücklich גרושה מאישה
„eine von ihrem Manne Verstossene" bedingt. Desgleichen wäre man bei
Ausscheidung des Ahronismus nicht mehr genöthigt, die Fest- und
Fasttage und viele Gebete in jetziger Form beizubehalten. Uiberhaupt so man den Mosaismus zur Basis wählte, könnte Israel nun
schon einer mittels Suffrage universel berufenen Synode kraft der
Vorschrift נביא מקרבך וגי' אליו תשמעון unmöglich den Gehorsam versagen, da laut des Moses offenen Bekenntnisses eine allgemein berufene parlamentarische Versammlung, welche ganz im
Geiste seines ersten Decaloges wirkt, das alleinige Medium bildet,
in welchem sich der allgemeine Culturzustand ausdrückt, wodurch
der relative göttliche Willensinhalt für das religiöse Bewusstsein
manifestirt wird. Nun denke man sich einerseits eine solche parlamentarische Synode in Israels Mitte tagend, wo die Mitglieder derselben doch keine Veranlassung finden würden, miteinander wegen
des Ministerportefeuilles zu ringen, sondern von der öffentlichen Meinung getragen ihre Competenz keine andere, als eine moralische
sein würde, um durch das Licht der Vernunft den Aberglauben zu
verscheuchen, und mittels des Gewichtes ihrer wissenschaftlichen Autorität jeden religiösen Missbrauch zu zerstören, und überhaupt durch
ihre überzeugenden Reden ein geistig und sittlich höheres Leben unter ihren Glaubensgenossen herbeizuführen und anderseits wie das religiöse Bewusstsein des Volkes auf die Beschlüsse und die fortschrittlichen
Massnahmen der Synode lauschend und vertrauend in denselben den
göttlichen Willensinhalt erblicke, würde dieses Zusammenwirken
beider etwa nicht den Glauben an den Fortschritt der Menschheit
abgeben? Und dieses zuversichtliche Vertrauen, dassder göttliche Geist es ist, welcher durch die menschliche Vernunft und
n ihr zu ihrer progressiven Erleuchtung wirkt, würde es nicht
dasjenige Vertrauen deutlich darstellen, von welchem unsere Talmudisten aussagten: בא חבקוק והעמידן על אחת :צדיק באמונתו יחיה „Und es kam
Chawakuk und führte sämmtliche Gebothe auf das eine zurück: Der

Gerechte soll in seinem Glauben leben". Was für eine Bedeutung könnte aber besagter Glaube haben, so von demselben alle Glaubenslehren und Gebote abstrahirt werden, wo nicht die des Glaubens an den Fortschritt? der Zuversicht, dass der Mensch im Vertrauen auf die prevoyante Thätigkeit in derselben auch progressirt? Demnach leitet uns der ganze religiöse Entwicklungsgang des Judenthums zur demokratisch theokratischen Idee. Ich weiss, man wird mich kaum begreifen wollen, und sagen, während es die Tendenz aller socialen Wissenschaft nun ist, eben die gänzliche Scheidung zwischen Staat und Kirche herbeizuführen, stellt dieser Scribler die Einigung derselben sogar als ein Ideal auf, und wünscht eine Theocratie herbei! Seltsam! Ein Israelite und Ultramontan! Allein man möge nur nicht vergessen, dass das Judenthum eben nicht das Christenthum ist; denn nur dieses lehrt die Inanspruchnahme des Absoluten in Allem und Jedem; hingegen nimmt jenes das Absolute blos für die prevoyante Thätigkeit für den vernünftigen Fortschritt in Anspruch, wie der Psalmist ruft: טוב וישר ד' על כן יורה חטאיסבדרך „Gut und vorsehend ist der Ewige, er weiset darum den Fehlenden den Besserungs und Fortschritsweg an."

Fehler - Berichtigung.

Seite	Zeile	statt	lies
2	6	Gnommen	Gnomen
8	24	tragen	trugen
8	30	herrschen	herrschten
9	8	Erkenntniss- schritte	Erkenntniss- fortschritte
10	34	ten	ter
11	4	freie	freier
12	27	das Thier ja nur	da das Thier nur
14	38	Wünsche- Stümpfer	Wünsche- Stümper
16	23	jenem	jenen
16	37	leid	lei.
16	38	gelten	geltend
20	19	ohnen	lohnen
21	8	Alepra	Lepra
22	4	schwerige	schwierige
25	10	bestimmten	bestimmtem
25	35	das	dass
26	23	imme	immer
26	41	zu streben Mensch	Mensch zu streben
27	4	Zustand	Zustande
29	14	weiterm	weitern
30	14	Fertigkeit	fertigt
32	19	kan	kann
32	26	Verbot	Verbote
32	29	Bestimmen	bestimmen
34	18	eine	ein
37	25	der	das
41	26	ohne das ich	ohne dass ich
50	32	nichts	nicht
53	40	verunreinigten	verunreinigen
27	18	zureden	zu reden
58	27	die Prärogati- ve und den Machteinfluss	den Präroga- tiven und dem Macheinflusse
61	13	blieben	bleiben
62	37	Richhtern	Richtern
63	24	beabsichtigte	beabsich- tigten
72	16	hatte	hatten
72	21	widerspens- tigt	widerspens- tig
72	38	zu vorzulesen	vorzulesen
73	39	sowoh	sowohl
74	28	äugne	läugne
76	11	Ehenhälfte	Ehehälfte
76	13	priesterliche	eine prie- sterliche
79	9	stimme sie	sie
1	1	II. Theil. חקר גבורת	
3	23	insofern die	insofern
3	28	Weltwesen sich bewusst werden	Sichbewusst werden
4	32	Theologische	Telologische
6	34	welcher etwas Unerklärliches erklärt	(welcher et- was Uner- klärl. erklärt)
10	15	nicht nicht	nicht
13	29	beizuflichten	beizupflichten
16	39	Zwack	Zweck
21	33	den	die
22	27	laut	nach
23	34	müssen	müsse
29	20	zu lösen haben	haben, zu lösen
30	19	geborne	gebornen
31	27	weiterhin	weithin
41	29	der in	in
44	29	dreisteres	dreistere
45	20	anf	auf das
47	6	ermöglichst	ermöglicht.
56	12	einsehen	eingehen
58		lo logisch	logische

§. 1.

Da die religiöse Erkenntniss aus den socialen Verhältnissen dem Menschen ungenügend war, fand er sich genöthigt, die Allmacht in der Natur zu suchen

Die Wahrnehmung der religiösen Idee aus der Geschichte, welche ich im ersten Theile dieser Schrift als Vernunfterkenntniss erwiesen habe, vermochte dem Menschen nur so lange zu genügen, als er im Kreise seiner eigenen Gesellschaft stationär verblieb, sein Gesichtskreis auf diese Gesellschaft beschränkt, brauchte er nur den öffentlichen geistigen Inhalt derselben als den höchst besten anzusehen, um ihn für den Willen des besten und mächtigsten Patrones zu erachten, und die religiöse Wahrnehmung stand fertig in seinem Bewusstsein. Die geringfügigste Institution, jede alberne Ein- und Vorrichtung, die zur Erhaltung seiner Gesellschaftsinnung aufgethürmt wurde, so sie ins öffentliche Leben derselben überging, war schon geeignet, ihm als Sprosse zu dienen, in den Rath Gottes und in dessen Geheimnisse einzudringen. Als aber der Mensch ausser seiner Gesellschaft noch viele andere Gesellschaften gewahrte, und ihm die Einsicht wurde, dass trotzdem deren Interessen mit denen der seinigen collidirten, dieselben dennoch des Bestehens sich erfreuten, da musste sich ihm die Gottheit vervielfältigen, und diese vielen Götter müssten in stetem Kampfe mit einander um die Macht ringen. Der öffentliche Institutionenbau der Gesellschaft, dieser babylonische Thurm, führte nicht mehr zum Willen der Allmacht, da noch andere Gesellschaften existirten, welche doch im Gegensatze zu diesen Institutionen sich zu stellen strebten, daher war bereits religiöse Erkenntniss in der Staatsgesellschaft und deren Geschichte nicht mehr zu suchen, aus derselben ging nur ein beschränkter Nationalgott hervor, da es viele Völkerschaften gab; aber „der Ewige ist über alle Völkergeister erhaben, über dessen unermesslichen Räume der Natur, über dem Himmel thront‚dessen Herrlichkeit‟ רם עלכל גוים ה' על השמים כבודו—Somit war

1

der Mensch genöthigt zur Phisico - Theologie überzugehen, um die religiöse Erkenntniss, für welche der Inhalt der Geschichte sich unzulänglich erwies, aus der Natur zu erlangen.

§. 2.

Die Allmacht in der Natur zu erkennen, gelang dem Menschen anfänglich nicht, weil er auch hier dieselbe Methode verfolgte, die er bei seinem Streben, religiöse Erkenntniss aus der Geschichte zu erlangen, angewendet hat.

Von den Institutionen im staatlichen und gesellschaftlichen Leben, weil in denselben die religiöse Erkenntniss der A l l m a c h t nicht mehr gefunden werden konnte, wandten die Menschen ihre Blicke ab, um sie den Einrichtungen und dem Gange der Natur zuzuwenden. Weil die Menschen aber beim Aufsuchen der religiösen Erkenntniss aus der Natur derselben Methode folgten, welche sie bei dem Streben, diese aus der Geschichte zu erlangen, anwandten, nämlich nicht den Gesetzen, sondern nach dem Inhalte der Natureinrichtungen und deren Verlauf zu schauen, um in denselben die Gottes Absicht und dessen Willen zu erkennen; so fanden sie Grund genug, etwas mehr als Mechanisches zur Ursache derselben anzunehmen, und hinter dem Maschinenwerk dieser Welt das Wirken gewisser höheren Wesen, welche sie nicht anders als übermenschlich denken konnten, zu vermuthen. Jedoch, weil sie in der Natur das Gute und das Zweckmässige und Zweckwidrige, wenigstens ihrer Ansicht nach, vertreten fanden; so konnte ihr Urtheil nicht anders ausfallen als zahlreiche Götter anzunehmen, die theils ihrem Vermögen nach, und theils ihren Willensneigungen nach, auf ähnliche Weise (nur im minderen Masse) wie die Menschen b e s c h r ä n k t wären. Die Menschen bleiben also bezüglich der religiösen Erkenntniss auf demselben Standpunkte, von dem sie ausgingen, und haben nur das Forschungsgebiet gewechselt. Sie konnten in der Geschichte nur Familien- Stamm- und Nationalgötter gewahren, und ebenso nahmen sie auf dem Felde der Natur nur Götter verschiedener und entgegengesetzter Thätigkeiten wahr. Späterhin wurden zwar die Thätigkeiten der Götter als zu e i n e m Plane h'nwirkend gedacht; jedoch wurde auch dieser als dem Fatum unterworfen angenommen; so dass diese Thätigkeiten oft den Plan fördernd zusammenstimmten, oft aber auch widerstreitend, sich gegenseitig zerstörend, auseinander wichen.

Der Pantheismus oder der pantheistische Cosmotheismus, worin man
die Allmacht anfänglich zu finden vermeinte, ist zur Constituirung
einer Religion für die Dauer nicht geeignet.

Andere, die einsahen, dass auf besagte Weise die Wahrnehmung
einer A l l m a c h t, welche man bei der religiösen Wahrnehmung
aus der Geschichte vermisst hatte, noch immer nicht erzielt worden
ist, suchten dieselbe, vermöge der Annahme eines Wesens zu gewinnen,
worin als alleinige Substanz sämmtliche Naturdinge inhärirende Be-
stimmtheiten wären. Diese Substanz bringt somit die Naturdinge
zwar nicht mit Verstand hervor, da diese doch auch viel Unverstand
und Zweckwidriges enthalten; jedoch als S u b s t r a t wäre aller
Verstand der Wesen in ihm anzutreffen. Die Wahrnehmung eines
solchen höchsten Wesens, welches nichts nach Absichten hervorbringt
und dennoch sämmtliche Dinge als Inhaber besitzt, war die des Mal-
ki-Zedek, der wie der Pentateuch erzählt, zwar Priester des obersten
Prinzipes עליון לאל כהן schon war, jedoch blos eines solchen
obersten Prinzizes, dass man noch nicht בורא וארץ שמים Schöpfer aller Dinge, sondern וארץ שמים קונה Inhaber und Besitzer
aller Dinge genannt hat. Diese Wahrnehmung, welche statt der cau-
salen Abhängigkeit der Welt von einem Wesen zu erkennen, die
Inhärenz an eine Substanz erkennt, wurde in der Folge insofern
die Weltwesen der Substanz inhäriren, Pantheismus, und insofern
die Weltwesen die Substanz durch die Weltwesen sich erschöpfend
darstellt, fälschlich der Spinosismus genannt. Diese Wahrnehmung
konnte wohl als philosophische Hypothese gelten, keineswegs aber
als Religion auf die Dauer dienen. Denn, wie bereits geäussert, hat
die Religion ausser dem Sichbewusst werden eines höchsten Wesens,
auch die Ausführung seines Willens zu ihrem Momente; ein
Wesen aber, dass nothwendig wirkt, und für uns nichts beab-
sichtiget, kann uns zu nichts verpflichten, und die Moral, die
aus solcher Wahrnehmung folgt, läuft höchstens auf eine rath-
same Consequenz in eigenem Selbsterhaltungsstreben hinaus, aber
für ein solches Indivduum wie Abraham, der dem König von Sodom
und Malki — Zedek gegenüber, auf alles verzichtet, würde ein Wesen,
das sämmtliche Dinge als Inhaber besitzt, und mit und für uns
nichts intentionirt, wohl zu keiner edlen That verpflichten. Dies ist
aber der Fall mit allen pantheistischen Systemen, dass sie uns zu
nichts verpflichten können, und darum ist ihr Boden für religiöse
Ideen gänzlich ungeeignet.

Abraham war es, der aus dem technisch zweckmässigen Wirken der Natur eine weise Allmacht erkannte.

Es war darum erforderlich, um die religiöse Wahrnehmung aus der Natur zu erreichen, einen andern Weg einzuschlagen, und der Sage gemäss war es unser Patriarch Abraham, welcher folgenden Weg sich bahnte. Er hatte nämlich eingesehen, dass der Inhalt des Guten, worunter man allein eine Gottheit zu denken hat, es nicht war, der bei der religiösen Wahrnehmung aus der Geschichte vermisst ward; denn schon vermöge dieser allein, war es jedem klar gewesen, was er in der Gesellschaft zu thun hatte, um der göttlichen Wesenheit sich zu nähern, und deren Willen gemäss zu handeln. Allein das Gute wurde in dieser Wesenheit nach beschränktem Umfange gedacht, und somit die Gottesnatur, als e i n e r Nation nur angehörig, und nicht in der A l l m a c h t erkannt. Was also das Wesen und den Inhalt des Guten betrifft, ist somit zu ihrer Erkenntniss durchaus nicht erforderlich, zur Natur überzugehen; ja vielleicht fällt in ihren Bereich weder das Gute, noch das Böse; allein bezüglich der Form und der Verallgemeinerung des Guten ist es Aufgabe, unsere Erkenntniss durch die Natur zu erweitern. Mithin ist eben nicht auf den Inhalt der Natur zu schauen, um aus derselben das Gute und das Wesen Gottes zu erkennen, sondern es ist erforderlich, bei ihr das Formale nur zu entlehnen und zu sehen, welche Form sie i h r e m Inhalte gibt, um diese auch unserm Inhalte, nämlich dem Guten, dessen Erkenntniss man durch die religiöse Wahrnehmung aus der Geschichte erhält, zu verleihen. Abraham abstrahirte daher, wenngleich noch nicht gänzlich, jedoch bezüglich des Guten und Bösen vom Naturinhalte, und richtete sein Augenmerk vorzüglich auf das technisch Zweckmässige der Natur in sich, um dadurch die Allmacht Gottes zu erkennen. אברהם הכיר את בוראו ראה בירה דולקת אמר א' אפשר לעולם בלא בעל הבירה.

Der kantische theologische Beweis, wird bereits von Maimonides geführt.

Der Psalm spricht: (Ps. 94. 8. 9.) בינו בוערים בעם וכסילי מתי תש כילו הנוטע אזן הלא ישמע היוצר עין הלא י בם Sehet ein ihr Unvernünfti-

gen im Volke; wann werdet ihr Thoren klug? Der das Ohr gepflanzt, sollte der nicht hören? Der das Auge gebildet, sollte der nicht sehen? Uiber
diese Beweisführung des Psalmisten machten einige Aerzte in Gegenwart
Maimonides sich lustig, und meinten, dieser Schlussfolgerung gemäss
würde ja auch folgen, dass der, welcher den Mund bildete, auch esse,
und der die Lunge schuf, auch schreie? Hierauf erwiederte Maimonides
folgendes: Es gibt wohl ein Nexus- Ffectivus, wobei die Causalverbindung eine Reihe von Ursachen und Wirkungen ausmacht,
die nur abwärts geht, so dass die Wirkungen nicht zugleich Ursachen der ihr vorausgehenden Ursachen sein können. Es kann aber
auch eine Causalverbindung gedacht werden, die wenn man sie als
Reihe betrachtet auch auf- und abwärts geht, so dass das Ding, welches einmal als Wirkung bezeichnet ist, dennoch aufwärts den Namen
einer Ursache desjenigen Dinges zu heissen verdient, wovon es die
Wirkung ist. Im Praktischen, nämlich in der Kunst, findet man
leicht dergleichen Verknüpfungen, so z. B. ist das Haus zwar die Ursache der Gelder, die für Miethe einfliessen, aber auch umgekehrt,
war die Vorstellung von diesem möglichen Einkommen die Ursache
der Aufbauung des Hauses. Und so ist es bei sämmtlichen Kunstge-
genständen, man fabricirt die Nadel, um mit derselben zu nähen,
wiewohl also das Nähen erst eine Wirkung der Nadel ist, so ist der
Begriff des Nähens zugleich die Ursache der Nadelanfertigung, und
diese Causalverbindung nennt man Nexus - finalis. Mithin ist wohl
der Psalmist weit entfernt zu behaupten, dass der Ewige der das
Ohr schuf, auch fleischlich mittels eines Ohres hören müsse, woraus
freilich auch folgen würde, dass der, welcher den Mund bildete, auch
essen dürfe; sondern der Psalmist führt den telologischen Beweis
aus den organischen Wesen der Natur, die doch innerlich zu gewissen
Zwecken organisirt sind, wie z. B. das Ohr zum hören und das Auge zum sehen, und somit ebenso wie den Kunstproducten und noch
vielmehr für ein organisches Produkt, wie Ohr und Auge, ein
vernünftiges Wesen habe vorangehen müssen, welches die Begriffe,
sehen und hören, wozu sie dienen, zuerst denkt, da die Bildung derselben durch den Mechanismus der Natur allein nicht erklärt werden kann.

§. 6.

**Der telologische Beweis für die Existenz Gottes ist an und für
sich ungenügend, weil er eine Dialelle abgibt, und wird über dies
durch die darwinische Theorie aufgehoben.**

Der telologische Beweiss von der innern Zweckmässigkeit der
Natur-organismen, von dem Kant in der Urtheilskraft so viel Auf

hebens macht, darf daher literaturhistorisch nicht demselben, sondern
dem Maimonides schon zugeschrieben werden, und laut Andeutung
des Midrasch soll sogar der Patriarch Abraham es gewesen sein, der
sich desselben bedient hatte, um die religiöse Wahrnehmung eines
obersten Verstandes als Welturaache, aus der Natur zu begründen.
Laut unserem kritischen Bewusstsein jedoch ruht dieser Beweis noch
auf sehr schwachem Grunde, indem er den Begriff Gottes in die Natur hineinbringt, um die Zweckmässigkeit in derselben sich erklärlich zu machen, und er muss hernach wiederum die Zweckmässigkeit
haben, um das Dasein Gottes zu beweisen; er bringt somit durch
ein täuschendes Dialele sowohl die Physik, als auch die Metaphy-ik in
Unsicherheit, indem in keiner von beiden Wissenschaften innerer Be-
stand mehr ist. In Wahrheit ist unsere Urtheilskraft nur befugt, den
Grund des Einzelnen in einen g e g e b e n e n Allgemeinen zu finden;
ein Allgemeines aber, welches zu seiner Annahme keine andere Begründung hat, als weil die gegebenen Einzelnen dadurch erklärt werden, bleibt immer nur Hypothese, und hat keine Beweiskraft für
ein bestimmendes Urtheil. Um von der inneren Zweckmässigkeit
der organischen Wesen auf ei, em verständigen Welturheber schliessen
zu können, musste allererst hinreichend bewiesen werden, dass deren
Zweckmässigkeit durch die Materie in ihrem Mechanismus und Chemismus allein unmöglich erklärt werden kann. Wir jedoch können
nichts weiter darthun, als dass wir uns die Erzeugung der organisir-
ten Wesen nicht aus der Natur des Mechanismus und Chemismus
zu erklären wissen, und daher uns keine andere Beurtheilungsart
übrig bleibt, als einen obersten Verstand zur Erzeugung derselben
anzunehmen; dass ist aber nur Grund für die reflectirende, und nicht
für die bestimmende Urtheilskraft, und kann zu keiner objectiven
Behauptung berechtigen. Indessen könnte für das religiöse Bewusstsein, das vermöge der Wahrnehmung aus der Geschichte das Dasein
Gottes als gegeben betrachtet, und aus der Natur nur das a l l g e -
m e i n m ä c h t i g e Walten desselben zu erweisen prätendirt, und
überhaupt der Natur der Religion gemäss, welche anticipirende
Wahrheit ist, ein solcher Beweis welcher etwas Unerklärliches erklärt für das Dasein Gottes schon genügen.

Somit kann die innere Zweckmässigkeit, die in den Naturorganismen sichtbar wird, wahrhaftig schon als Beweis sich geltend machen, dass ein höherer schaffender Verstand dieselbe projektirte;
bliebe es nur nicht selbst mit dieser reflectirenden Erklärungsweise,

noch immer unerklärlich, warum fast mit jeder geognostischen Bildungsperiode sowohl die Flora als die Fauna sich verändert hat? Sollen wir etwa deshalb einen Gott Architect, einen Demiurgus annehmen, der künstlerisch sich in verschiedenen Formen ergehet? Oder dürfte etwa das Phänomen, welches wir wahrnehmen, dass der nach der kalten Nordgegend übersiedelte Rhinoceros Abkömmlinge setzt, denen die Haare wachsen, uns nicht eher zu der darwinischen Theorie geneigt machen, nach welcher die Lebenshindernisse, die dem Organismus begegnen, es seien, die in demselben Triebe zur Gewinnung der Mittel schaffen, die Lebenshindernisse hinwegzuräumen, welche Mittel er auch dann setzt? Die Naturorganismen bildeten sich also ganz unprojectirt, die einen aus den andern hervor, vermöge der Lebenshindernisse, die jeder Klasse begegnet sind. Die Bildung der ursprünglichen Zellen aber mag vielleicht noch wirklich im Mechanismus und im dynamischen Chemismus ihre Erklärung finden. Die erkennende Religiösität hat sonach keinen anderen Weg, als die Beweise für die religiöse Erkenntniss aus der Natur über den Haufen zu werfen, und vom Naturinhalte gänzlich absehend, einzig und allein auf das Formale derselben den Blick zu richten, so dass das religiöse Bewusstsein nur zu dem Behufe an die Natur sich zu wenden habe, um von ihr die ihrem Inhalte gegebene Form abzulernen, und seinen eigenen Inhalt, den des Guten, gemäss der formalen Wahrheit in der Natur, praktisch einzurichten und theoretisch aufzufassen.

§. 7.

Die Natur bietet nur formale, aber keine inhaltliche Wahrheit.

Wenn ein Naturding nur nach den auf uns gemachten Eindrükken unserem Bewusstsein innewohnt, ist dasselbe für uns blos eine Naturerscheinung. Erst dann, wenn wir dasselbe gesetzmässig erkennen, wissen wir solches als wahres; denn erst durch das gesetzmässige Erkennen bekommen wir dasselbe in der Form der Allgemeinheit und Gewissheit zu wissen, welche die Criterien der Wahrheit sind. Z. B. Wir sehen das Fallen der Körper zur Erde, so ist dieses Fallen für uns zunächst nur eine Naturerscheinung, da wir immer noch nicht wissen, ob dieses Fallen, dessen Ursache uns unbekannt ist, keine Sinnestäuschung sei, und ob die Körper überall auch bei den Antipoden zur Erde fallen würden, und ob dieses Fallen zum Erdballen nur, oder auch

zu den anderen Himmelskörpern geschehe. Fassen wir aber dieses
Fallen seinem Gesetze gemäss auf, dass der kleine Körper nach dem
grösseren gravitirt, so wissen wir dieses Fallen allgemein und gewiss, dass auch bei den Antipoden die Körper nicht zum Himmel
sondern auf die Erde, und dass auch auf dem Sirius die Körper in
der Richtung zu ihm fallen, und somit heissen wir es wahr; denn
es hat bereits für unser Bewusstsein die Criterien der Wahrheit erlangt. Selbst aber vermöge gesetzmässiger Erkenntniss haben sämmtliche Dinge der äussern Natur nur insofern ihre Wahrheit, als sie
gesetzt sind, nämlich ihre Wahrheit ist nur formal, d. h.
bei all
ihrer Realität tragen sie nur die Form des Wahren; inhaltlich
aber sind sie noch nicht wahr, indem man in der Idee sich über all-
dieselben hinwegsetzen, und auch ihr Gegentheil oder ihr Nichtsein
denken kann. Uiberhaupt lassen sie sämmtlich im Grunde uns gleichgültig. עד אבא אל מקדשי אל אבינה לאחריתם. Inhaltlich wahr ist blos
das Gute, da man über dasselbe hinaus sich unmöglich hinwegsetzen
kann, weil ihr Gegentheil das Böse als Böses, selbst keine Denk-
möglichkeit hat. Nicht also der Inhalt, sondern die Form bildet
an der Natur das Wahre; mithin dürfte der Naturinhalt das religiöse
Bewusstsein, welches über sich selbst Rechenschaft hält, ganz
gleichgültig lassen, und dasselbe habe nur darzuthun, dass trotz
aller Widerwärtigkeit, die der Naturinhalt bietet, er dem Guten
doch nicht entgegensetzt ist; für's Weitere aber hat das religiöse
Bewusstsein nur nach der Naturform zu lauschen, um sie von der
Natur entlehnt, dem Guten, seinem eigenen Inhalte, zu verleihen.

§. 8.

Uiber die Methode der religiösen Forschung aus der Natur.

Die religiöse Forschung der Natur, oder wie ich solche hebräisch Cheker Geburoth nenne, darf sonach nichts Decessives
erweisen wollen, sondern in erster Reihe hat diese der Natur eine
solche Auffassung zu geben, dass die Naturgesetze mit all ihrer ma-
teriell-realen Gesetzesstrenge, die keine Ausnahme exmachina gestattet,
der religiösen Erkenntniss aus der Geschichte und aus den Ideen
nicht wiedersprechend in den Weg trete. Ferner, dass vermöge der
Tradition über die Schöpfung der Welt und die Enstehung des Menschen dem religiösen Bewusstsein Uiberkommene derart declarativ

festzustellen, dass es den Naturgesetzen nicht wiederspreche, und endlich zu zeigen, wie der Natur ihre F o r m e n abzulauschen sind, um sie auf das Gute anzuwenden, und so auf die Ideen zu gelangen, woraus im dritten Theile dieser Schrift Cheker Kduschoth genannt, das Absolute als immanent und emmanent, sich uns erschliessen wird.

§. 9.

Die religiöse Forschung muss von der kantischen Kritik ihren Ausgang nehmen.

In Gefühle wahrhafter Beklommenheit schreite ich nun einem Forschungsthema zu, auf welches der Mensch, das metaphysiche Thier, unzählige Denksysteme gebaut hatte, die durch die Kritik dann alle sämmtlich zermalmt und über den Haufen geworfen wurden. Wenn dieser Umstand indess mich dennoch nicht abhält, auf dieses Thema einzugehen, so geschieht dies theils, weil ich mittelst der Forschung k e i n e D o c t r i n aufstelle, und es überhaupt mir genügt, wenn ich vermöge derselben: eine Passage zu einem höher liegenden Forschungsterrain mir ebene, und theils auch darum, weil nur vermittelst derselben, sowohl den Dünkel der Positivisten, welche, der menschlichen Vernuft Gränzen gesteckt zu haben vermeint, als auch den Irrthum der Materialisten, welcher folgert: Indem aus dem chemischen Laboratorium experimental die Gottheit nicht aus Licht kommt, mithin existire sie nicht, ein für allemal darzuthun. Ich sehe darum schon mich veranlasst, den Ausgangspunkt der Forschung in der kantischen Kritik der reinen Vernuft zu nehmen, da nach mendelssohnischem Ausdruck, diese es ist, welche alle vor ihrem Erscheinen aufgetauchten Systeme zermalmt.

§. 10.

Standpunkt der Kantischen Kritik.

Die Kantische Kritik resultirt, dass der Verstand die synthetischen Verstandesurtheile, welche vom Objecto quantitativ: Einheit, Vielheit, Allheit; die Qualitativ: Realität, Negation, Limitation, relativ: Substanz und Accidenz, Ursache und Wirkung, Wechselwirkung; modalitiv: Möglichkeit, Wirklichkeit, Nothwendigkeit, aussagen, nur deshalb deren objective Gültigkeit so apodiktisch a priori behauptet, weil sie aus seinen Regeln, Kategorien, herrühren, die auf die reinen Formen der Anschauung, namentlich auf Raum und Zeit sich beziehen Denn möchten diese Urtheile sich aus reinen Verstandesdictirungen, oder bloss aus der Induction herleiten, so würde weder im einen noch im andern Falle die objective Gültigkeit so decissiv sich geltend machen können. Im ersten Falle schon desbalb nicht, da die Objekte, worüber geurtheilt wird, doch ausserhalb des Verstandes liegen, wogegen im letztern Fall sie doch nicht a priori, sondern a posteriori eingesehen werden könnten, und eben wie allen sonstigen Wahrnehmungen aus der Erfahrung würde ihnen die unfehlbare Gewissheit ermangeln. Aus dem Grunde aber, dass laut der Verstandes-Kategorien, die ihre Bedeutung lediglich vermöge der Schemate haben, die ihnen Raum und Zeit liefern, ausserhalb welcher es sonst keine Erfahrung gibt, die gedachten synthetischen Urtheile gefällt werden, bilden sie nicht nicht allein Urtheile a priori, sondern relativ der möglichen Erfahrung, müssen sie auch die vollste Gewissheit haben. Daraus aber muss es auch einleuchten, dass man keine Befugniss habe, dieselben zu transcendentiren, und sie auf Themate zu beziehen, die nicht innerhalb der Bedingungen aller möglichen Erfahrung liegen. So ist zum Beispiel über die Welttotalität gar nicht zu sprechen, da die Kategorie der Allheit nur innerhalb des Raumes ihre Bedeutung hat, geschweige dass über die Ursache ihrer Entstehung nicht geforscht werden kann, indem das Gesetz der Causalität einzig und allein als die objective Aufeinanderfolge in der Zeit aufzufassen ist, wobei man sich ein Geschehen der Zeit nach früher als das andere denken muss. Ebenso wenig könne bezüglich der Idee Gottes, obwohl dieselbe lauter Eigenschaften enthält, die einander nicht widersprechen, weder von Substanz noch von Sein oder Wesen die Rede sein; denn diese Prädicate werden sämmtlich nur in Bezug auf Raum und Zeit vom Verstande ausgesagt. Daher ist die bekannte Folgerung des Cartesius *cogito ergo sum*, ich denke, folglich bin ich, nur als Trugschluss anzusehen, da gemäss der Logik, die analytisch ist, nicht mehr gefolgert werden kann, als *cogito ergo cogito*, ich denke, folglich denke ich; wogegen dass ich denkend bin, immer vermöge der Zeit und der Apperceptions-Einheit nur erfahren wird, indem man sozu sagen: Nun, da, hier, denke ich, wahrnimmt. Ebenso hat die logische Möglichkeit, nämlich dass ein gedachtes Object keinen Widerspruch erhält, nur als conditio sine qua non zu gelten, welche nicht im entferntesten eine reale Möglichkeit erweist, diese muss erst mittels Raum und Zeit erfahren werden. Desgleichen unterliegt es keinem Zweifel, dass der Verstand vermöge Zeit und Raum nur über alle Realität urtheilt; mithin gehört alle Objectivität, die wir den Dingen beilegen, nur den auf die reinen Formen der Anschauung basirten Kategorien unseres Verstandes, und somit wissen wir vom Dinge, wie es an sich sei, nichts auszusagen. Wir können nur im Allgemeinen uns des Bewusstseins nicht erwehren, dass es ein D i n g a n- s i c h ausser uns gibt, welches uns erscheint. So setzt die Kritik ihre Lehre zu erhärten fort, indem sie nachweist, dass so die Vernunft dahin kommt, die synthetischen Urtheile über der Erfahrung hinaus zu gebrauchen, sie in der That sich veranlasst sieht, Beweis für Behauptungen, und Gegenbehauptungen zu führen, welche bezüglich des Objectes sich wahrhaft widersprechen; an sich aber kaum einen Widerspruch enthalten, und nur dialectisch sind, indem das Ding- an- sich weder die eine Behauptung noch die andere entgegengesetzte nothwendig erleidet; für sich genommen aber, jede Behauptung als Regulativ zum Fortschritte der Erfahrung dient. So weit musste ich auf die Kantische Kritik zurückgreifen, um der eigenen Forschung mich zu überlassen.

§. 11

Die Auffassung der Natur für die religiöse Erkenntniss.

Wie, fragt es sich, vielleicht könnte man die Klippe dieser Kritik gänzlich umschiffen, so man blos einem unrichtigen Ausdrucke auswiche? Warum sprach Kant von einem Dinge- an- sich ausser uns, als ob wir zuverlässig wüssten, dass etwas Ruhendes Stoffliches, Verharrendes ausser uns vorhanden sei? Warum sagte er nicht vielmehr Thätigknit a n s i c h, die aus unserem Innern sowohl, nach amendirter Folgerung „*cogito ergo cogito*", als auch von Aussen vermöge der Sensation überhaupt, doch weit unmittelbarer unserem Bewusstsein sich aufdräugt als der verharrliche Gegenstand im Raume. Sehen wir in der Natur fast aller Sprachen, die Substantive, vom Infinitiv, also von der unbestimmten Thätigkeit, sich bilden, was meines Erachtens bis zur Genüge beweist, dass nicht der sachliche Gegenstand, sondern die Wirkung, die Thätigkeit, das als zunächst gegebene Wahrzunehmende sei. Möchte nur Kant gesagt haben, dass es eine Thätigkeit a n˙ s i c h gibt, von der an und für sich wir nichts

aussagen können, sondern Alles nur mittels unserer Kategorien vermöge Zeit und Raum bestimmen, wahrlich! der tiefe und erhabene
Denker, Hegel in seinem aufgestellten Systeme, dass die Idee es sei,
welche vermöge der Dialectik zum Begriffe sich entwickelt, hätte nie
den Fehler begangen, als Ausgangspunkt für dasselbe die leere Abstraktion vom Sein und Nichts zu wählen, die, wie er selbst zugibt,
zusammenfallen, und Eins abgeben (Sein-Nichts), weil sie gegen
einander unbestimmt sind. Dabei entseht aber die Frage, um die es
sich in der Philosophie überhaupt handelt, was eigentlich zum Bestimmtwerden treibe? deren Beantwortung ausbleibt; ja in den höheren Vermittelungsoperationen, dachte sich Hegel den Widerspruch
oder besser gesagt, dessen Unhaltbarkeit, als Motiv des Bestimmtwerdens. Allein gleich beim Ausgange von der ursprünglichen Un-
bestimmtheit, die Eins ist, und sich nicht widerspricht, zum
Werden, da liegt der Cerberus רובץ חטאת לפתח Ich thue
dessen nur vorbeigehend Erwähnung, und beabsichtige hiemit
nichts anders, als mein Erachten kundzugeben, dass alle metaphysiche Forschung vom Werden, von der Thätigkeit an sich ausgehen
müsse, für welche Ansicht ich übrigens nicht allein den hellsten Denker der Hellenen, Aristoteles, sondern auch den erhabensten
Religionsstifter, Moses, zu meinem Gewährsmanne habe. Letzterer nannte die Gottheit nicht היות Sein, sondern יהוה, nähmlich
הי ויהי, das Prinzip des thätigen Werdens. Denn an sich betrach-
chtet, sehen wir wahrlich weder Sein noch Nichts, und gewahren nur Thätigkeitswandel. Entstehen heissen wir, wenn der Thätigkeitswandel zu einer unserer Ansicht gemäss höheren Thätigkeits-
stufe die Richtung nimmt; hingegen nennen wir Vergehen, so
er sich unserer Ansicht gemäss zu niedererem Thätigkeitsgrade abstuft.
Sein und Nichts sind somit nur Abstractionen, logische Refle-
xe, Voraussetzungen, angenommene Ruhepunkte, um die Thätigkeit
das Werden, begreiflicher zu machen. Meines Erachtens, liegt
der Irrthum aller bisher aufgestellten Systeme, gleich wie der heider-
nischen Religionen, vorzüglich in der Abstraktion, und der Hyposta-
se. Unterscheiden, sondern, und bestimmen muss wohl die Vernunft,
um Betrachtungen anstellen zu können, anders aber ist es an Unter-
scheidungen festhalten, und getrennt sie zu denken, wo man sie gesondert nicht wahrnimmt, da lauert blendender Irrthum, und heidni-
scher Götzendienst. Bekanntlich begreift jede geistige Eigenschaft
alle andern implicite in sich. Z. B. Absolute. Güte ohne Weis-

heit ist keine Güte mehr, Weisheit ohne Macht, ist keine Weisheit mehr, und so umgekehrt; jedoch sondert die Vernunft diese Eigenschaften, um sich zu beleuchten, und aufzuklären. Die Sonderung ist somit nur logische Projectur, und dennoch haben die Menschen geirrt, jede dieser Eigenschaften als eine für sich bestehende absolute Thätigkeit anzunehmen, und es entstand im Heidenthume die Mythologie, und im Judenthume die Engellehre. Aehnlich dem mag es vielleicht noch vieles Andere geben, was wir als gesondert und für sich bestehend uns denken, und in der That jedoch selbst für unseren Geist schon als pure Abstraktion, als bloss logische Projectur sich zeigen könnte. Desgleichen mag es auch noch Manches geben, welches zwar für unser Begreifen, als streng real verschieden betrachtet werden muss und dennoch für einen uns überlegenern Geist, z. B. für den Geist Gottes, dieser Unterschied bloss logische Projectur sei. Meines Erachtens verhält es sich mit den Bestimmungen: Stoff, Kraft, Qualität nicht anders, als mit dem Denken, Gedanken und Gedachten, von denen Aristoteles lehrt, dass der Thätigkeit nach sie eins und dasselbe sind. Wir wollen dem zufolge, eben wo Kant stehen blieb, nur von der Thätigkeit an sich ausgehen, um zu sehen, unter welchen Gestalten sich uns dieselbe zunächst gibt. Wir bemerken zuförderst, dass sich uns im Anorganischen bloss Thätigkeit a l s s o l c h e kundgibt, wogegen im Organischen wir bereits Thätigkeit a l s Z w e c k, nämlich eine Thätigkeit, die sich nach einem Resultate hin entwickelt, wahrnehmen, und endlich zeigt sich uns im Menschen auch Thätigkeit n a c h A b s i c h t. Und zwar gewahren wir diese Art der Thätigkeit in uns unmittelbar schon vermöge unseres Willens, indem ich will thun, ich beabsichtige zu thun, ich denke zu thun, doch nur Synonyme sind. Ich bin daher nicht nur weit entfernt, dem modernen Buddhaisten, Schoppenhauer, beizuflichten, und einen blinden Willen, als das Ding an sich anzunehmen, von dem die Intelligenz erzeugt wird, sondern vielmehr betrachte ich den Willen, in Beziehung der Thätigkeit nach Absicht, ebenso wie den Trieb in Bezug auf die Thätigkeit nach Zweck, und die Kraft hinsichtlich der Thätigkeit als solche, nur als logische Distinctionen, welche die Vernunft macht, um sich zu beleuchten, an die man aber durchaus nicht festhalten darf, wo über Thätigkeit an sich die Rede ist. Dass wir die besagten drei Klassen der Thätigkeit haben, wird wohl Niemand in Abrede stellen, indem die Thätigkeit als solche eben das von Kant zugestandene Ding- a n- s i c h ist, welches wie gesagt eigent-

lich Thätigkeit an sich heissen muss. Ferner ist die Thätigkeit nach Zweck ja aus der innern Zweckmässigkeit der Organismen
unverkennbar. Denn wiewohl man nicht befugt ist, aus dieser Zweckmässigkeit auf einen verständigen Urheber zu schliessen; unläugbare
Thatsache bleibt es immer, dass im Organischen die Thätigkeit nach
einem Resultate hin sich zuträgt. Um so mehr kann man an der
Thätigkeit nach Absicht nicht zweifeln, da doch dieselbe jedermann
vermöge der eigenen Absichtlichkeit erfährt. Aber wohl können
Zweifel aufsteigen ob die letztgedachte Thätigkeit blos für den Menschen allein in Anspruch zu nehmen ist? Denn wie aus Besagtem
hervorgeht, wäre der Mechanismus und Chemismus abstufend, die
Thätigkeit als solche. das organische Leben nach Nüancen,
Thätigkeit nach Zweck; und die prevoyante Thätigkeit nach
Absicht wäre dem Menschen nur eigen, als ob wir nicht schon beim
Thiere auch Intelligenz wahrnehmen möchten? Erfahren wir doch an
dem Biber, dass er so architektonisch die Nester baut, an der Bie-
ne, dass sie ihre Zellen so künstlich fertigt, an der Ameise, dass sie
ihre Winternahrung im Sommer einsammelt, dass diese Thiere sämmtlich Intelligenz besitzen? Was aber die höhere Intelligenz des Menschen
anbetrifft, beweist noch beweitdem nicht, dass zwischen der thierischen
Thätigkeit und der seinen ein wesentlicher Unterschied obwalte ;
sondern, dass die Lebenshindernisse die seiner Constitution begegneten, ihn zu höherer Vorsicht zwangen, wodurch dessen Intelligenz ge-
schärft wurde, welche Intelligenzschärfe aber keineswegs seinen Genuss am Dasein im Vergleiche mit dem Thiere erhöhet, sondern vielmehr verleidet sie ihm denselben noch. Ich sehe mich daher bemüssigt, den zwischen der Intelligenz der Thiere und der des Menschen obwaltenden Unterschied näher anzugeben. Wohl kann man
die Entstehung der sogenannten instinctiven Fähigkeiten der Thiere
nicht anders sich erklären, als dass dieselben von manchen einzelnen
Gescheidtern unter der Gattung vermöge ihrer Intelligenz erlangt
wurden, und erst dann nach und nach durch Vererbung und Gewohn-
heit allmälig in den Habitus der ganzen Gattung übergegangen sei-
en. Allein man darf nicht ausser Acht lassen, dass die thierische
Intelligenzthätigkeit, mit dem Erhaltungszwecke der physischen Constitution, doch in directer Weise nur correspondirt. Der Biber fertigt wohl das Nest sich an, weil es ihm Bedürfniss ist ; macht sich indess nie zum Schneider, um dadurch das Nest sich später bauen zu
können; somit ist dessen Thätigkeit nur dem Zwecke nach. Der

Mensch hingegen kann auch thätig sein, z. B. er kann Schneidermeister werden, bloss in der Ab-icht sich dadurch einHaus zu bau-
en. Da verhält sich die That, sich zum Schneidermeister zu machen,
als die nach Absicht; sein Zweck aber, die Hauserbauung, bloss als formal
logische Voraussetzung. Gelangt er dann wirklich dazu das Haus zu
bauen, da wird ihm der Hausbau schon zur Thätigkeit nach Absicht,
und eine neue, bloss formal logische Voraussetzung nimmt den Zweck
ein, und so fort und fort, wird jeder von ihm erreichte Zweck für
ihn zur Berufsthätigkeit, zur Thätigkeit nach Absicht, und der Zweck
bleibt immer als unrealer, als bloss formal logische Voraussetzung.
Daraus ist ersichtlich, dass die eigentliche menschliche Thätigkeit,
als die nach Absicht aufzufassen ist, wogegen die Zwecke bei ihm
nichts anderss als den logischen Hintergrund bilden, weil eben die
Thätigkeit nach Zweck überhaupt nur logische Projectur für die Thätigkeit nach Absicht abgibt. Es ist somit nur Täuschung, zu vermeinen, dass der Mensch den Zweck nicht erreiche, und ich behaupte.
dass eher gedacht werden müsste, der Zweck reiche für ihn nicht
aus, da die Thätigkeit nach Zweck seinem Wesen, als absichtliche
Thätigkeit nicht mehr adäquat ist, und eigentlich den ihm inferioren
Wesen, dem der Thiere und der Pflanze nur angehört. Der Beweis
für diese Behauptung ist auch schon darin zu finden, dass der
Mensch am Ende sämmtliche Genüsse nur relativ den Bedürinissen
herbeiwünscht; wofern aber ihm die Wahl geblieben wäre zwischen
seinem jetzigen Zustande, wo er Bedürfnisse und Genüsse hat, und
einem Zustande, wo ihm beide abgehen, wahrlich er hätte für letztern bereitwillig sich entschieden. נמו ונמרו נוח לו לאדם שלא נברא נברא משנברא
Nur auf Eines allein würde er nicht verzichten wollen, dies ist das
Leben; und welcher Sinn soll aber einem Leben ohne Bedürfnisse und
Genüsse vindicirt werden, wo nicht der, absichtlich schöpferisch sich
zu bethätigen? Die Thätigkeit nach Absicht ist somit die dem Menschen eigenthümliche, welche er anzustreben hat, und das von Antigonus aufgestellte Moralprinzip lautet daher: Seid nicht Dienern,
gleich, die dem Herrn dienen um Lohn zu empfangen, nämlich Zweck
halber thätig zu sein; sondern seid Dienern gleich, welche dem Herrn
dienen, keinen Lohn zu erhalten, sondern in rein prevoyanter schöpferischer Absicht. Es ist somit unbestreitbar, dass im Universum
die drei genannten Thätigkeitsarten, nämlich die nach Absicht, die
nach Zweck und die als solche wirklich vorhanden sind. Nun ist
die Frage auf die Begründung, was begründet diese drei Arten der

Thätigkeit? Allein überlegt man nur ein wenig reiflicher, so wird
man einsehen, dass die zuerst erwähnte Thätigkeitsart, nämlich die
nach Absicht, eigentlich keine Begründung braucht, indem sie d a s
G u t e ist, welches den Grund in sich selbst hat, da sein Gegentheil
das B ö s e als B ö s e s ein Unding ist. Worauf aber doch die Frage
um den Grund gestellt werden kann, sind eben die beiden Thätigkeiten, die nach Zweck und die als solche, die weder gut sind (da sie
eben keine absichtliche Thätigkeit abgeben), und somit ihren Grund
in sich selbst nicht haben, noch böse an sich sind, um eine logische
Unmöglichkeit abzugeben, und in der That als real sich finden. Allein setzt etwa Thätigkeit nach Absicht, nicht schon die Thätigkeit
als solche und die nach Zweck als logische Abstractionen voraus?
Diese zwei Thätigkeitsarten sind somit wie die Thätigkeiten der
Engel und die der mythischen Götter, nämlich logische Projecturen,
von der in sich selbst begründeten Thätigkeit nach Absicht. Wir
brauchen somit nur nach der logischen Möglichkeit einen Gott
(nämlich die absolute prevoyante Thätigkeit nach Absicht) uns zu
denken, der als höchste absolute absichtliche Thätigkeit sich weiss,
damit wir eben einsehen, dass in Folge dieses göttlichen Bewusstseins das Universum nothwendig existiren müsse. Und zwar begreift
dieses U n i v e r s u m die benannten drei Thätigkeitsarten : die
nach Absicht als die i n h a l t l i c h w a h r e, indem sie das Gute
ist (in dem Menschen), wogegen die nach Zweck und die als solche
bloss als logische Projecturen (in Leben und Mechanismus), die nur
als die f o r m a l w a h r e, nothwendig wirkend sind. Mit andern Worten, der Ewige, der als absolute, prevoyant absichtliche Thätigkeit
sich begreift, begreift seinen Inhalt, nämlich die absichtliche Thätigkeit, nur in so fern als a b s o l u t; indem er diesen seinen Inhalt
in logischer Abstraction auch als nicht absolut, nämlich als bestimmt
und endlich voraussetzt. Diese Abstraktion bildet die Thätigkeit nach
Absicht, die wir auf unserem Erdballe beim Menschen antreffen.
Er weiss sich ferner als absichtliche Thätigkeit nur in so fern als
absichtliche, indem er in logischer Abstraction die Thätigkeit als
unabsichtliche voraussetzt, und diese logische Abstraction, welche
zum eigentlichen Inhalte Gottes nicht mehr gehört, ist es, welche
die Naturthätigkeiten nämlich die nach Zweck und die als solche
ausmachen. Diese drei Weltthätigkeiten, obwohl sie, wie gesagt,
wirklich und real und zum Theil auch wahr sind, nämlich die nach
Absicht ist i n h a l t l i c h wahr, und die nach Zweck und die a l s

s o l c h e sind blos formal wahr, indem die erstere das bestimmte progressive Gute ist, und die letzteren vermöge ihrer Gesetze die Allgemeinheit und Gewissheit an sich tragen, welche die Kriterien der formalen Wahrheit bilden, sind sie doch der Gottheit, als absolute absichtliche Thätigkeit gegenüber, nur logische Abstractionen, und daher dürfen diese Thätigkeiten in sich selbst, wie alle andern logischen Abstractionen nicht hypostasirt oder stagnirt werden So sehen wir z. B. die absichtliche Thätigkeit, welche absolut das höchste Gute ist, und selbst verendlicht und bestimmt, als logische Abstraction des Absoluten, so sie wirkend auf diesen progressiv hindeutet, bildet sie noch das weltlich moralische Gute. Hört aber die absichtliche Thätigkeit in der Verendlichung für das menschliche Bewusstsein auf, logische Abstraction zu sein, und so nicht mehr progressiv wirkt, um auf die absolute absichtliche Thätigkeit hinzudeuten, sondern abgerissen vom Progress, bloss selbstisch sich bethätiget, als wäre sie in der Verendlichung stagnirt; so ist es diese eben, welche das Böse abgibt. So der Löwe den Menschen tödtet, ist er nicht böse; so der Mensch absichtlich den Menschen tödtet, darin liegt Bosheit. Die Thätigkeit als solche und die nach Zweck sind demnach weder gut noch bös, das Gute und Böse liegt erst in der Thätigkeit nach Absicht. Absolut Böses gibt es somit schon deshalb nicht, weil nur die in der Schranke stagnirte absichtliche Thätigkeit dasselbe ausmacht; absichtliche Thätigkeit aber nichts anderes als das Gute ist. Ebenso trägt es sich bei der Thätigkeit nach Zweck und bei der als solche zu. Wenn sie aufhören blos logische Abstractionen der absichtlichen Thätigkeit Gottes für das menschliche Bewusstsein zu bilden, nämlich aufhören durch ihr Wirken vermöge Gesetze, welche die Kriterien der formalen Wahrheit an sich tragen, Hindeutungen auf die absolute absichtliche Thätigkeit abzugeben; sondern ihr Wirken atomistisch stagnirt von demselben aufgefasst wird: so dringt dann der Materialismus als verheerender Sturm in das Bewusstsein, welcher daraus sowohl den absoluten Geist, als auch die endlichen Geister, wie auch die Thätigkeit nach Zweck, und selbst auch die Kriterien der formalen Wahrheit, nämlich die Allgemeinheit und Gewissheit der Naturgesetze, hinwegweht, und alles in den Wirbel der Thätigkeit als solche treibt.

Nach der eben gemachten Auseinandersetzung würde man sich wohl der Einsicht nicht erwehren können, wie lächerlich und unstatthaft der Materialisten Anforderung eben ist, dass ihnen aus der äussern

Natur die Gottes-Existenz erwiesen werde. Wie soll man denn auf einen Boden, worauf blos Thätigkeit als solche und Thätigkeit nach Zweck anzutreffen ist, einen Gott, die höchste prevoyante absichtliche Thätigkeit gewahren? Beliebe man nur zum Menschen zu schreiten, wo absichtliche Thätigkeit sich findet, und das Dasein Gottes, welches bisher blos problematisch nach der logischen Möglichkeit nur zu dem Behufe angenommen wurde, um zu zeigen, wie aus demselben die Welt entstehen musste, würde sich uns schon weit zuverlässiger erschliessen.

§. 12.

Uiber die Anwendung der formalen Wahrheit auf die Moral.

Bekanntlich behauptet die Moral nach Kant nichts weiteres als den categorischen Imperativ: Mache deine Maxime so, dass sie zum allgemeinen Gesetze werden kann. Allein Kant erörterte nicht, warum eben die absichtliche Thätigkeit die Maxime allgemein zu machen erheischt? Auch hat er die Natur des Guten verkannt, und darum war er in seiner Schrift, „die Religion innerhalb der Gränzen der Vernunft," auch um die Auffindung des Prinzipes des Bösen verlegen. Meiner Ansicht zufolge, ist das Böse nichts anderes, als die letzte Stufe des Guten; nämlich die beschränkteste, stagnirte absichtliche Thätigkeit. Jedes Böse, weil es seiner Natur nach absichtlich sein muss, hat hierin schon eine gute Seite, dass dem, der es übt, gesagt werden kann, verallgemeine deine Maxime, und unterwerfe dich derselben. So z. B. wenn der Mensch, der absichtlich handelt, seinen Nebenmenschen tödtet, ist er bös, und dennoch liegt darin schon das Gute, dass er wenigstens zur Verantwortung gezogen werden kann, wogegen so durch ein Thier der Mensch getödtet wird, von keiner Verantwortung die Rede sein kann. Das Gute ist somit nur die absichtliche Thätigkeit, welche selbst in der beschränktesten Weise, worin sie schon Böses ist, noch immer etwas-Gutes behält, wogegen das, was sie darstellt wie z. B. im angeführten Exempel, der verursachte Tod des Menschen weder etwas Böses noch etwas Gutes, sondern einfach ein Naturergebniss bildet. Es resultirt demnach, dass eigentlich die absichtliche Thätigkeit schon das qualitative Gute, und inhaltliche Wahre ist, und der Moral mit dem categorischen Imperativ kommt es auf nichts anderes an, als ihr die Allgemeinheit und

Gewissheit zu verleihen, welche die Kriterien der formalen Wahrheit sind, und die meines Erachtens der Mensch nur den Gesetzen der äussern Natur ablernt. Jedes Naturgesetz ist für das Bewusstsein darum nur Gesetz und nicht Erscheinung, weil es demselben gewiss ist, und in der Allgemeinheit absolutirt wird. So z. B. war das Fallen der Körper zur Erde, bevor Newton das Gravitationsgesetz endeckte, für das Bewusstsein bloss eine Naturerscheinung, indem man es nicht wusste, dass auch bei den Antipoden die Körper zur Erde, und ob auch auf den Sirius die Körper zu ihm fallen; vermöge des Gravitationgesetzes aber, nach welchem der kleine Körper nach dem quantitativ grössern gravitirt, wissen wir, dass überall, wo ein Körper nur existirt, die kleineren zu ihm fallen müssen. Freilich würde der Kantianer sagen, die Allgemeinheit und Gewissheit hierin ist nur vermöge Zeit und Raum, aber haben wir denn die Körper überhaupt anders als vermöge Raum und Zeit? Also kann die Absolutirung ihrer Gesetze zur Allgemeinheit und Gewissheit auch nur vermöge Raum und Zeit vor sich gehen. Gehen wir aber zur Moral über, wo der kategorische Imperativ befiehlt: Mache deine Maxime, auf dass sie allgemein statuirt sein könnte, gebietet uns etwa die Vernunft hiebei nicht, selbst transcentendent, über Raum und Zeit hinaus die Allgemeinheit in unseren Maximen zu verlangen? So z. B. ich nicht Willens bin, dass Täuschung und Lüge gegen mich obwalte, müsste ich da nicht verlangen, dass selbst transcentendent über Raum und Zeit absolut Täuschung und Lüge nicht obwalten? Und ebenso und nicht minder hat es die Bewandniss mit der absichtlichen Thätigkeit, die doch als höchstes Gut angenommen werden muss, dass deren Waltung vermöge der Moral nicht zeitlich und räumlich nur, sondern absolut angestrebt wird. Der Beweis liegt somit klar zu Tage, dass die Allgemeinheit und Gewissheit, die Kriterien der formalen Wahrheit, die das Bewusstsein aus den Gesetzen der äussern Natur, namentlich aus der Thätigkeit als solche und aus der nach Zweck schöpft, so sie vom Bewusstsein vermittelst der Moral auf die eigne absichtliche Thätigkeit, nämlich auf die inhaltliche Wahrheit angewendet werden, dieselben dann absolut in Anwendung kommen. Die mir gestellte Aufgabe, mit der religiösen Forschung aus der Natur, ist also mit Besagtem gelöst; indem hiemit zur Genüge dargethan wurde, dass es wahrlich nur absurd ist, aus der äussern Natur, die nur die Thätigkeit als solche und die nach Zweck abgibt, schon die Thätigkeit nach Absicht und zwar noch dazu die absolute, nämlich die Gottheit, erweislich machen zu wollen. Die äussere Natur bildet nur logische Projectur für die Thätigkeit nach Absicht, und sie wird darum nur vom Menschen, als ein seiner absichtlichen Thätigkeit äusseres und an sich vorhandenes Object wahrgenommen, weil derselbe aus deren Gesetzen die Kriterien der formalen Wahrheit, nämlich die Allgemeinheit und Gewissheit erlernt, die er dann vermöge der Moral bestrebt ist, auf die ihm eigne absichtliche Thätigkeit anzuwenden. In diesem Anwendungsstreben aber, strebt er nicht blos, wie er dieselben bekommen, nämlich sie nur Zeit und Raum gemäss anzuwenden, sondern sein Streben geht dahin, die Anwendung derselben auch absolut zu haben. So wird der Mensch sich der absoluten, absichtlichen Thätigkeit bewusst, die der Begriff der Gottheit ist, von welcher die beschränkte, menschliche Thätigkeit nach Absicht die logische Projectur inhaltlich bildet, und die äussere Natur, namentlich die Thätigkeit als solche und die nach Zweck, die logische Projectur formal abgibt.

§. 13.

Die Genesis des Pentateuchs, als ursprünglich geognostische Anschauung בראשית מעשה und Erklärung der Merkaba Vision, מעשה מרכבה von Jesaja und Ezechiel.

Der Forscher in der Theologie des Judenthums, so er zu vernehmen Willens ist, was der traditionelle Glaube ihm über die Weltentstehung mittheilt, befindet sich nach meiner Ansicht in der angenehmen Lage, von demselben nichts Misteriöses, sondern eine geognostische Lehre nur, wie ein ursprünglicher Denker sich die Entstehung der Erde hatte denken müssen, zu bekommen, die der Dichter der Genesis übrigens zu dem Behufe gab, um die Sabbatfeier poetisch zu verherrlichen. Und zwar bin ich in Uibereinstimmung mit Raschi der Ansicht, dass die ersten zwei Verse der Genesis nur als Adverbial-Bestimmungen dem dritten dienen, so dass die drei ersten Verse folgenden Sinn abgeben: Am Beginn der vermöge der Allmacht sich sondernden Stoffe, Feuer Wasser und Erde, als die Erde in dampfendem (vergl. תהו mit בת תהיא wie auch mit בחמרא תהי) und wüstem Zustande war, und über dem Meeresgrund Finsterniss herschte, und ein mächtiger Wind über die Wasser einherbrauste, da sprach die Allmacht: Es werde Licht, und es ward Licht. Der Dichter erwähnt daher mit Recht die Lichtentstehung, noch bevor

er die der Sonne und des Mondes erwähnt, indem von der Erde
aus betrachtet, so lange die Wasserverdünstung auf derselben noch
mächtig gewaltet hatte, wohl mattes Licht, keineswegs aber die leuch-
tenden Himmelskörper bemerkt werden konnten. Alsdann erst, als
durch die allmähliche Einwirkung der Wärme die Wasserverdünstung
in eine Atmosphäre sich umbildete, wie Vers 6 sich ausdrückt: und
die Allmacht sprach: Es entstehe eine Ausdehnung, die רקיע hiess,
innerhalb der Wasser, lief das Wasser ab, und trockenes Land
erschien; und als durch die Verdünnung der Wasserdämpfe zu
Dunstschichten, die Atmosphäre sich geklärt hatte, da gedenkt erst
der Dichter die Erscheinung der Himmelslichter, wie Aben-
Esra geistreich andeutet: יהי מארת ברקיע שיראו ברקיע
dass am Firmament die Himmelslichter gesehen werden. Die Gene-
sisdichtung hat somit einzig und allein die Erdkugel im Auge, und
nimmt wenig Notiz vom Weltall. Das unzählige Sternenheer hat
für den Dichter keine andere Bestimmung, als die Erde zu beleuchten, und zwischen Tag und Nacht den Unterschied anzugeben, auf
dass die Zeitrechnung nach denselben geschehe, wie Vers 14 es
aussagt, der corumpirt ist, und ursprünglich gelautet haben mag
יהי מארת ברקיע השמים להבדיל בין היום ובין הלילה והיו לימים ולאותות ולמועדים ושנים
Der Dichter verstand demnach unter Tag den astronomischen von
Tag und Nacht, wie Vers 6 ebenfalls lautet: ויקרא קרא
ויקרא לאור יום ולחשך קרא wo doch gesagt werden sollte: יום
אחר לילה ויהי ערב ויהי בוקר יום אחר
ולילה אחר. Ebenso verstand er unter אתת Wochen, indem es die vier
Phasen des Mondes waren, welche auf die Zeitbestimmung der Wo-
che führten, und darum wurde auch der Sabbat אות genannt, da auf
denselben die Phase gedeutet hat (Exodus 17, 31.). Ferner mit מועדים
bezeichnet der Dichter die Jahreszeiten, und somit zählt derselbe
in diesem Verse sämmtliche natürliche Zeittermine, als Tage, Wochen
Jahreszeiten, und Jahre auf. Von der übrigen Schöpfung ausser unserem Erdballe spricht die Genesis nur vorbeigehend. Wie aber sowohl aus Jesaja als auch aus Ezechiel ersichtlich ist, haben sich
den Israeliten im Sternenheere lebende Wesen vorgestellt; jedoch
glaube ich, dass die Merkaba- Phantasie des Ezechiel eher in der
assyrischen und babilonischen Ansicht über die Planetenbewegung,
als in der des Judenthums wurzele. Möge man nur bemerken, dass
die Merkaba- Phantasie des Jesaja völlig von der des Ezechiel abweicht. Jesaja mahlt noch die Seraphim, die Himmelslichter, nur
mit einem Antlitze, und mit Füssen; hingegen mit sechs Fittigen, von

denen ein Paar dem Seraph dient, sich sein Antlitz, nämlich die
Absicht, und ein Paar die Füsse, nämlich das Ziel seines Wirkens,
zu verdecken, und ein Paar verbleibt ihm zum Fliegen, nämlich bloss
seine Bewegung, die Thätigkeit als solche, zu zeigen; wogegen das
Phantasie-Bild des Ezechiel, das bereits am Strom Kebar in Babylon
geschaut wurde, wo der Sabäismus einheimisch war, dieses Bild
geht schon dahin, den Aster wie er leibt und lebt, darzustellen. Indem bemerkt wurde, dass eine Lichtkugel, z. B. die Sonne von
Osten nach Westen und zurück, und von Süden nach Norden und
zurück sich bewegt, so gab diess Anlass zur Annahme, dass der Leiter derselben vier Antlitze, nämlich vier Augenmerksrichtungen habe.
Als vollkommeneres und überirdisches Wesen aber, musste er auch
so gedacht werden, dass er die irdischen Vollkommenheiten sämmtlich
in sich vereinigt, so dass er einen כרוב Cherub, nämlich eine Zu-
sammensetzung dieser Vollkommenheiten bildet. Von seinen vier
Gesichtern zeigt daher eines das Antlitz des Löwen, als des Königs
der wilden Thiere, das andere, das des Ochsen, als des Königs des
Viehes, und das dritte, das des Adlers, als des Königs der Vögel,
und das vierte, das des Menschen. Vermöge dieser vier Antlitze bewegt er nach der Richtung jedes Antlitzes hin ein Lichtrad, und
mittels dieser Bewegung spannt sich über seinem Haupte das Firmament, nach allen Raumesenden. (vergl. Jesaja 5. 4. 2. שמים ונוטיהם
und eben daselbst הנוטה כדוק שמים וימתחב כאהל. Der Leiter und die
Lichtträder verhielten sich demnach wie Leib und Seele (vergl. ורוח ההיה
באופנים) und die Bewegung der Lichtkugel nach den vier Seiten
hin, ohne dass weder dieselbe noch der Leiter um und um sich
drehen, ist laut diesem Bilde plausibel gemacht.

§. 14.

Beleuchtung der antidiluvischen Sagen des Pentateuchs.

Was ferner den König der Erde, den Menschen anbetrifft, so
spricht meines Erachtens die Genesis nicht von einem einzelnen
Menschen, der den Namen Adam, als eigenen Namen, geführt hatte;
sondern sie, oder besser gesagt die Sage, welche derselben zu Grunde
lag, habe im Namen Adam die ganze menschliche Urzeugung, nämlich alle Menschen, die ursprünglich aus den Erdzellen hervorgingen,
poetisch individualisirt, und darum auch wird in der Erzählung
der Name Adam mit dem Artikel gebraucht, was bei eigenem Namen nie

geschieht (*vergleiche* שמות האדם ויקרא). Ebenso bin ich
der Meinung, dass der eindringende Forrscher auch gewahren müsse,
dass der Name Scheth שת ebenfalls keinen eigenen Namen abgibt,
sondern blos einen Gattungsnamen für diejenigen Menschen, welche
der Sage gemäss nicht mehr der Erde direct entstammten, sondern
mittels der geschlechtlichen Generation erzeugt wurden. (Möge man nur
als Beweis merken: חשופי שת. Ich könnte auch zu Erhärtung dieser
Behauptung auf Vers וקרקר כל בני שת verweisen, doch ist
in diesem Verse eine Correctur vorzunehmen, denn vergl. Jeremia lautet dieser Vers ומחץ פאתי מואב וקדקד כל בני שאון wo ebenfalls corrigirt werden muss: כל בני שיאן (*vergl. Deutr. 4, 48.* הר שיאן הוא
חרמן). Gleiche Bewandniss hat es auch mit dem Namen אנוש, den
die redigirte Schrift als den e i g e n e n Namen des S o h n e s
S c h e t h citirt, dass mit demselben die ganze Menschengattung,
nämlich beide Klassen, sowohl die der Generations- als die der
Urzeugung bezeichnet wurde (vergl. מה אנוש כי תזכרנו ובן אדם כי תפקדנו
Schon aus dem Besagten allein liegt die Vermuthung nahe, dass
sowohl die Dichtung, als auch d i e u r s p r ü n g l i c h e S a g e, welche dem Pentateuch zu Grunde lag, die Menschen der Urzeugung
mit dem Namen A d a m, und die der Generationszeugung mit dem
Namen Scheth, für beide aber, weil sie mit Intelligenz נשמה be-
gabt sind, den Namen Enosch hatten. Allein auf die besagte Folge-
rung beschränkt, bliebe diese Behauptung immerhin nur Conjunctur.
Setzen wir aber in die Genesiserzählung das Brescheschiessen fort,
und fragen uns: Wie? zur Enosch - Zeit sollte man erst die Gottheit
anzubeten begonnen haben (הוחל לקרוא בשם ה')? und
Kain und Abel hätten der Gottheit schon Opfer dargebracht? Ferner
Abel wäre bereits ein Schafhirt und Jabal erst der Erfinder der
Weidewirtschaft gewesen אבי יושב אהל ומקנה? und die erwähnte
Behauptung gewinnt an Wahrscheinlichkeit, dass Adam, Scheth, E-
nosch noch allgemeine Namen für die Menschen überhaupt abgaben,
und dasjenige, welches die Sage über sie berichtet hatte, als auf das
Menschengeschlecht insgesammt sich beziehend, aufgefasst werden
müssen, welchem sowohl die über Kain und Abel erzählte Sage, als
auch die genealogische Tafel der dem Kain entstammten Nachkommen in der Zeitrechnung erst nachgesetzt werden müssen. Man
merke aber noch ferner, worauf Hr. L. Chari aus Odessa mich aufmerksam machte, dass die genealogische Tafel des Kain (*Genesis 4.*)
ein und dieselben Namen, wie die des Scheth (daselbst 5.) nur mit

geringfügiger Abweichung durchgehends anführt. So finden wir in
beiden Tafeln die Namen Chanoch חנוך und Lemech למך; ferner den Namen des Vaters von Lemech hier Methuschael מתושאל
dort Methuschelach מתושלח, hier Jered ירד dort Irod עירד, ebenso ähnelt
Mahalalel מהללאל und Mechujael מחייאל, und meine Behauptung dass
die Namen Adam, Scheth, Enosch in der Sage noch allgemeine
Gattungsnamen abgegeben hätten, und demnach die Genealogien des
Kain und Scheth, welche im Pentateuch als zwei besondere angeführt
werden, ursprünglich als nur e i n e überkommen wären, erlangt bereits einen hohen Grad der Wahrscheinlichkeit. Beachtet man aber
ferner noch, dass einer der Söhne des Lemech von seiner Frau Ada
Jabal heisst, den die Sage eben wie den Abel als den ersten Hirten
ausgibt, und ein zweiter Sohn desselben von der Frau Cilla ähnlich
dem Namen Kain, Tubal-Kain benannt ist, und dass bei Gelegenheit
dieser Mittheilung die Pentateuchschrift ein durchaus mysteriöses
Gespräch anführt, welches lautet: עדה וצלה שמען קולי נשי למך האזינה
אמרתי כי איש הרגתי לפצעי וילד לחבורתי כי שבעתים יקם קין וגו׳.
woraus allenfalls hervorgeht, dass ein Mord sich zugetragen hatte,
der die Frauen Ada und Cilla berührt, und man muss wahrlich nur
ganz bornirt sein, um nicht einzusehen, dass Kain und Abel, und
Tubal-Kain und Jabal in der ursprünglichen Sage identisch waren,
so dass es vom Tubal-Kain oder Kain, dem Sohne der Cilla und des
Lemech hiess, dass er den Jabal oder Abel, den Sohn der Ada und
des Lemech getödtet hat, und Lemech, der Vater beider, bei welchem
Mutter Ada um Rache gegen Tubal-Kain oder Kain ansuchte; Cilla,
dessen Mutter aber um seine Begnadigung flehete, suchte seine beiden Frauen zu beschwichtigen, indem er folgendes sprach: Ada und
Cilla, höret meine Stimme, Frauen Lemechs, vernehmt mein Wort!
Wenn ich schon einen Mann getödtet habe zu meiner schmerzlichen
Wunde, soll ich auch einen Jüngling hinstrecken lassen zu meiner
eiternden Beile? Nein! siebenfache Rache über den, der den Kain
tödtet, und so den Lemech, sieben mal sieben! Es war somit Vater
Lemech, der den Ausspruch der Gottheit, nämlich den Orakelspruch,
לכן כל הרג קין שבעתים יקם zur Errettung seines Sohnes erwirkte. Diese Sagenmythe ergibt sich demnach wie folgt: Adam Scheth und
Enosch sind Namen für das ganze Menschengeschlecht; und zwar
Adam für die Menschen der Urzeugung, die nach der egyptischen Sage
aus Blasen und Zellen der Erde entstanden, und Scheth für die der Geburt durch Begattung, und Enosch als Namen für den Menschen als intelle-

gibles Wesen. Da war es zur Zeit, als der Mensch im intellectuellen Zustande, als Eaosch bereits sich befand, dass er die Gottheit anzurufen begann אז הוחל לקהא בשם ד' und der religiöse Cultus entstand, dass der Enosch den Mahalalel, denjenigen, welcher die Gottheit preiset, zeugte, der seinerseits wieder den Irod עירד den Städtegründer, oder den Trogloditen gezeugt, welcher eine Stadt baute, bekanntlich den religiösen Versammelungsweiler, den er nach seinem Sohne חנוך die Erziehung und Sitte, nannte, dessen Lebenswandel ein beschaulicher und geistiger war, ויתהלך חנוך את האלהים und sein Verscheiden war nicht Vernichtung, sondern die Allmacht hob ihn auf. ואינגו כי לקח אותו אלהים Er war demnach erster Theologe und Priester, und er zeugte den Methusalem מתושאל oder מתושלח, der am längsten gelebt, und der somit die älteste Familie gebildet hat, und es entspross demselben Lemech (oder richtiger Melech der König), der seinerseits die Söhne Jabal den Begründer der Weidewirtschaft אהל ומקנה אבי יושב und somit auch identisch mit הבל, und den Jubal den Erfinder der Musik, welcher aber wahrscheinlich auch mit Abel und Jabal zu identificiren ist, indem der griechische Apoll sowohl Hirten- als Musik-Gott ist, mit dem Weibe Ada, und dann mit dem Weibe Cilla den Tubal-Kain, indentisch mit Kain, dem Begründer der Feldbauwirthschaft und Schmiedekunst, erzeugt hatte. Da geschah es, obwohl beide Brüder der Religion treu waren, und sowohl der Agrikulturfürst Tubal-Kain oder Kain als auch der Hirtenfürst, Jabal oder Abel, auf dem göttlichen Altare Opfer brachten, dass die Gottheit die Opfer des Hirtenfürsten gefällig, nämlich dass es ihm in seiner Weidewirthschaft gut erging, und hingegen die des Agriculturfürsten missfällig aufnahm, nämlich dass es demselben bei der Feldbauwirthschaft übel erging, und es erfüllte sich dessen Brust mit Neid und Hass gegen seinen Bruder, den Hirtenfürsten, und er schmiedete Ränke. Da versuchte die Religion versöhnend einzuwirken, und die Gottheit sprach vermöge des Orakels zum Kain und seinem Anhange, dem Agriculturstande einen Orakelspruch, der corigirt warscheinlich wie folgt lautete: למה חרה לך ולמה נפלו פניך הלא אם תטיב שאת רבק, אליך תשקתו ואתה תמשל בו ואם לא תטיב לפתח חמאת Warum bist du gereizt und gekränkt? So du dich besänftigst zu dulden den Hirten רובץ (verglichen תרעה ואיכה תרביץ, ממנר שטים מעל ומתהום רובצת רחח. רובץ איכה בין המשפחים) nach dir wäre sein Streben und du würdest ihn beherrschen; wofern aber du dich schon beim Anfang nicht verträgst, begehst du eine Sünde. Allein die Religion predigte vergeblich, und der Agriculturfürst Kain oder Tubal-Kain fuhr fort, auf seinen Bruder Jabal oder Abel zu lauern (statt ויאמר קין אל הבל אחיו lies richtig: ויארב קין אל הבל אחיו und als die B r ü d e r i m F e l d e einander begegneten, verübte Kain oder Tubal-Kain den Brudermord. Die Königin Ada schnaubte Rache und hielt beim König Lemech um die Hinrichtung des Tubal-Kain an, aber Cilla dessen Mutter flehete um Begnadigung, und der König Lemech, welchem es wehe that, neuerdings einen Sohn zu verlieren, erwirkte einen Orakelspruch, der gelautet hat: כל הורג קין שבעתים יקם Wer den Kain erschlägt, siebenfache Rache wird an ihm genommen. Jedoch wurde vermöge des Orakels auch das Urtheil gesprochen, dass er in die Verbannung gehe, und die Feldwirtschaft eingestellt werde (siehe ארור אתה מן האדמה). Wahrscheinlich suchte dann Kain oder Tubal-Kain das Land China und die Steppen Sibiriens bis gegen das Eismeer auf, und Vater Lemech suchte unterdessen, gemäss bereits angeführtem Gespräche seine Damen zu besänftigen, wobei er den Noach נח (die Besäuftigung) erzeugte, von welchem Vater Lemech sich überdiess auch versprach, dass dieser ihm Trost und Beruhigung bringen werde, indem statt seines Sohnes Kain oder Tubal-Kain Noach wieder die Agricultur aufnehmen wird (siehe ד' ארר אשר האדמה מן ידינו ומעצבון ממעשינו ינחמנו זה. Ob Vater Lemech den Sohn Noach mit der Ada oder mit der Cilla erzeugt hatte, gibt die Sage nicht an; indessen gibt es zu vermuthen, dass Noach der Sohn der Ada war, da Tubal-Kain oder Vulkan, Sohn der Cilla, aus seinem fernen Aufenthalte selbst, in vollem Verdrusse gegen die Kinder der Ada noch derart fortgetobt hat, dass er gegen Ende der tertiären Periode die Eisblöcke Sibiriens gelöst, und solche gegen Süden schickte, und so die Sindfluth מבול über die Welt brachte; aber der sanfte und fromme Noach merkte die Eisgänge, und die Gottheit rieth ihm, Argonaute zu werden. So weit zur kritischen Berichtigung der Genealogie der hebräischen Mythe, und ich bin Willens in dem folgenden Paragraphen die Mythe über Adam und das Paradies, welches zu so vielfachen Irrthümmern Anlass gab, kritisch zu erhellen.

§. 15.

Erklärung des Paradies- Mythos.

Drei Cardinalirrthümer hat der Paradies- Mythos in die Welt-gesetzt: den der Erbsünde, den, dass der endliche Mensch ohn der Eva-Sünde ewige Fortdauer gehabt hätte, und den, dass die Wissbegierde des Menschen eine Sünde wäre. Nun fragt es sich, hat der Dichter dieser Mythe wirklich diese benannten Irrthümer glaublich machen wollen? darauf muss ich entschieden mit „Nein!" antworten; und behaupten, dass die vorgefasste Interpretation dieses Mythos, die unkritische Deutung desselben allein die gedachten Irrthümer erzeugt hatte: Einerseits vom Parsismus angetrieben aus einem der Natur innwohnenden bösen Prinzipe den Weltschmerz herzuleiten, und anderseits von der mosaischen Religion gedrängt, im Wesen des Menschen, wiewol derselbe ebenfalls in der Natur steht jedes Prinzipiel-Böse zu läugnen, thaten die Sophrim ähnlich den heutigen Finanzministern, dass sie die Uibel ihrer Verirrungen fremden bösen Einflüssen in der Vergangenheit zuschrieben, und glaubten diedelben dadurch zu heben, dass sie solche erblich machten, und von dieser Meinung befangen, gingen sie zur Interpretirung des Paradiesmythos über und wähnten, diese ihre Ansicht in demselben zu finden. Jedoch darf die kritische Forschung nicht zu einer derartigen Interpretation eines Mythos greifen, in welchem ein zwar listiges, aber doch niedriges Geschöpf die Verführungsrolle hat, und dafür einfach von der Gottheit abgestraft wird, um es als das prinzipiel-Böse aufzufassen. Meines Erachtens ist es eine ganz andere Gedankenreihe, die den Dichter veranlasste den Paradies- Mythos zu dichten. Frühzeitig schon musste man die Frage sich aufgeworfen haben, da doch die Menschen nur von Menschen erzeugt werden, woher kommen die Urmenschen? Und man musste eine Schöpfungsperiode angenommen haben, in der einst die Menschen unmittelbar aus der Erde entstanden waren, vermöge eines Lebensprinzipes, das die Allmacht ihr eingepflanzt hatte. Dann hat aber die Frage auftauchen müssen, warum dieser Schöpfungszustand sich verlor, weshalb dauert er nicht immer fort? Worauf freilich keine sonstige Antwort möglich war, als eben die, weil bereits die Sexualgeneration schon eingetreten war. Nun möge man es einstweilen nur logisch gelten lassen, dass die Menschen sich die Periode der Urzeugung glücklicher als die Generationsperiode gedacht hatten, und man wird einsehen, dass von denselben die geschlechtliche Zeugung, als der Sündenbock hatte betrachtet werden müssen, warum der glückliche Zustand der Schöpfungsperiode aufgehört hatte. Diese und keine sonstige Gedankenreihe ist meines Erachtens das Thema, welches der Dichter, indem er dem Sturze und Falle auch ein Moment des Aufschwungs und der Vervollkommnung abgewann, טוב ורע כאלהים יודעי והייתם zu einer wahren tragischen

Epopöe gestaltet hat, wobei עליה הוא ירידה זו עליה Der Baum
des Lebens עץ החיים bezeichnet im Gedichte nichts anderes, als das Lebensprinzip der Urzeugung, vermöge dessen der Mensch
wie alles thierische Leben, unmittelbar aus der Erde entstand;
und mit dem Baume der Erkenntniss des Guten und Uibeln עץ חדעת
טוב ורע deutet der Dichter nichts weiteres, als das Begattungsvermö-
gen an, mittels dessen nun die Menschen entstehen. (vergl. והאדם
ידע את חוה אשתו und besonders den Ausdruck des Barsilai, בן שמנים
שנה אנכי היום האדע בין. טוב לרע (Sam. II. 19, 36.), und ebenso auch
die Stelle (Jesaja 7.). בטרם ידע הנער מאוס ברע ובחור בטוב Auf den Genuss vom Baume des Lebens kam demnach mit Recht kein Verbot; denn die Menschen waren im Sinne des Dichters im Besitze
desselben, und genossen von demselben thatsächlich, indem sie ursprünglich unmittelbar aus der Erde wirklich entstanden; sondern
auf den Genuss vom Baume der Erkenntniss des Guten und des
Uibeln, nämlich auf die geschlechtliche Zeugung allein ist das Verbot ergangen. Der Dichter schildert demnach geflissentlich, dass
bevor vom Erkenntnissbaume genossen wurde, ויהיו שניהם ערומים וגו׳
ולא יתבוששו da waren der Erdensohn und sein Weib beide nackt, und
trieben keinen ehelichen Umgang (Möge man ולא יתבוששו nur mit
והחזיקה במבושיו vergleichen). Dem gemäss leuchtet es auch ein, warum
nach der Erzählung vom Verbotsübertritte gleich darauf der Dichter
erzählt, dass Adam das Weib Eva genannt, da sie Mutter spre-
chender Wesen wurde. Denn wahrlich derselbe verstand unter dem
Genusse der verbotenen Furcht nicht anderes, als den Begattungsact,
wodurch das Weib wirklich zur Mutter wurde, wie Jarchi in dem
spätern Verse והאדם ידע את חוה auch bereits bemerkte, dass Eva noch im
Paradiese, in gesegnete Umstände kam. Es ist darum auch einleuchtend, dass Eva, oder das Weib als Mutter, ihren ersten Sohn vom
Enosch, da Adam, Scheth und Enosch noch allgemeine Namen für
die Menschart sind, Kenon genannt, da im Sinne der Dichtung (durch
die geschlechtliche Zeugung der Mensch der Gottheit ähnlich (והייתם
כאלהים ידעי טוב ורע) und Theilnehmer an der Schöpfung wurde, und somit
Eva füglich sagen konnte: קניתי איש את ה׳ Ich schuf einen Menschen mit
Gott. Desgleichen erhält erst durch die dem Mythos eben gegebene
Auffassung folgende schwierige Stelle ihre wahre Erklärung: ויהי כי החל
האדם לרב על פני האדמה ובנות ילדו להם ויראו בני אלהים את בנות האדם כי טבת הנה
ויקחו להם נשים וגו׳ Und es geschah als die Menschen anfingen sich zu ver-
mehren auf der Oberfläche des Erdbodens, und ihnen Töchter geboren

wurden, da sahen die Söhne der Gottheit die Töchter der Menschen,
dass sie schön waren, und sie nahmen sich Weiber von denselben,
die sie wählten. Unter „die Söhne der Gottheit" sind nur die Menschen
der Urzeugung zu verstehen, deren Eltern man nicht kannte (vergl.
מעינה אלהי מתחת זרעת עולם‎ Urcedern, ארזי אל‎ Urgebirge, הררי אל‎
die Urgegend die von ewig her ihre Arme erstreckt), und die Sagenmythe gibt somit an, dass diese Menschen der Urzeugung sich nur
mittels der Erheiratung der Töchter der Menschen mit der Gesellschaft
der Sexualgeneration vermengen konnten. Ebenso ist der Ausspruch
der Gottheit לא ידון רוחי באדם בשנם הוא בשר‎ nur im Sinne
meiner Deutung des Mythos erklärlich; nämlich, dass die Gottheit
beschliessend anordnete: Es walte von nun an mein Geist nicht mehr im
Erdensohne (dass er unmittelbar aus der Erde entstehe), da er auch
vermöge des Fleisches schon das Dasein bekommt, und es möge seine
Lebensdauer (nicht so lange als die der Urzeugung) blos auf hundert
und zwanzig Jahre sich erstrecken. Die zwei letzt angeführten Sätze
beziehen sich somit im Sinne der Sage auf die Uibergangsepoche,
als die Urzeugung noch gewaltet, und die Sexualzeugung schon geherrscht hatte. Desgleichen ist der Widerpruch, der in der Paradies-
mythe sich zeigt nur mittels der Auffassung, die w i r von derselben zu-
lösen haben. Siehe (Gen. 3. 17.), wo es lautet: Vom Erkenntnissbaume
des Guten und des Uibeln darfst du nicht essen, denn am Tage, so
du von ihm issest, wirst du sterblich; hingegen lese man daselbst
Vers 22. und derselbe lautet: Es sprach die Gottheit: Der Mensch
würde unser Einem gleich, das Gute und Uible zu erkennen, nun
dürfte er nur seine Hand ausstrecken, und auch vom Lebensbaume
nehmen und essen, und er würde immer leben, und die Gottheit
schickte ihn weg vom Paradiese. Demnach möchte die Unsterblichkeit
des Menschen erst durch dessen Genuss vom Lebensbaume erlangt
worden sein, was dem Obgesagten, dass das Geniessen vom Erkenntnissbaume erst dessen Sterblichkeit verursachte, zuwiderläuft. In Wahrheit aber sprach der Dichter nur in Bezug auf das Gemüth der Menschen und ihrer Furcht vor dem Sterben; denn so lange die Menschen ohne Eltern blos aus den Erdzellen erzeugt wurden, gab es im
Sinne des Dichters für dieselben höchstens ein Entstehen und Vergehen, keineswegs aber Sterblichkeit. Nur der Verlust eigener Schöpfun-
gen hat für ihn gemüthlich die Sterbensbedeutung; allsonstiger Verlust aber ist ihm einfach Stoffwechsel. Also mit dem Genusse vom
Baume der Erkenntniss, nämlich mit der geschlechtlichen Zeugung

erst, wodurch der Mensch Mitschöpfer wurde, trat in seiner Denk-
weise die Sterblichkeit auf. Und ebenso verhält es sich mit allen
Unanehmlichkeiten und Mühen des Menschen, dass sie nur Folgen der
Sexualgeneration sind. Als ein aus der Erde entstehendes Wesen
würde der Mensch wirklich der Annehmlichkeit nur gefolgt sein, und
die Welt wäre für ihn in der That nur ein Paradies. Der Vers 22.
aber ist nicht aufzufassen, dass in Folge des Genusses vom Lebensbaume der Mensch ewige Lebensdauer erhalten möchte; sondern dass
er in Folge dessen selbstlich ohne den Begattungsact immer e n t s t e -
h e n und a u f l e b e n möchte (vergl. ברמיך חיי mit וחי לעולם) Somit ist dieser Vers nur im Zusammenhange mit dem obcitirten לא ידון
רוחי באדם בשנם הוא בשר Es walte nicht mehr mein Geist im irdischen
Wesen, dass es von selbst entstehe, d. es auch vermöge des Fleisches
wird, zu erklären. Der Dichter lässt demnach blos die Gottheit sagen,
dass es in ihrem Willen nicht liege, die Urzeugung und die Sexualgeneration zusammen in der Natur wirken zu lassen, was im Sinne
des Dichters, wie man es aus dem Satze ויראו בני האלהים את בנות האדם
entnimmt, schon darum nicht stattfinden kann, damit die geschlecht-
lich geborene Menschen und die Urgezeugten sich nicht gegenseitig
einander aufreiben. Schliesslich will ich auch als Zeugniss meiner Auffassung auf die Strafe der Frau und der Schlange hinweisen.

Wollen wir nun die citirten israelitischen Mythen mit denen
der andern Völker vergleichen, so werden wir selbst bezüglich dieser dunklen Region eingestehen müssen: אמרות ה' אמרות טהורות כסף צרוף
בעליל לחריץ Israels Sagen sind geklärte Sagen, ähnlich klar geläuter-
tem Silber, (vergl. בעליל zu מזוקק שבעתים Mischna Rosch-hascha-
na) zu Barren geläutert siebenfach [vergl. לארץ מזוקק וגו' zu Spr. 16, 6]
מחרוץ מה טוב חכמה קנה wo לחרוץ eben nicht geschlagnes Gold.
sondern preisifixrte Barren bedeutet [vergl. חרוצים ימיו חריצי חלב)

§. 16.

Der Weltschmerz.

Es muss wahrlich auffallen, auf zwei von einander so fern liegenden Gebieten, als das des socialen Lebens und das der philosophischen Spekulation, ein und dasselbe Verhältniss in den Gescheh-
nissen sich abspiegeln zu sehen. Auf dem Gebiete des socialen Lebens sehen wir, je mehr Genüsse dem Menschen zu Theil werden,

desto mehr führt er Klage über seine Leiden und Schmerzen. Und eben und denselben Vorgang nehmen wir auch auf dem Gebiete der Philosophie wahr; je mehr die Ansichten der Materialisten sich geltend zu machen suchen, und den thierischen Genüssen beim Menschen das Wort reden, desto mehr kommen auch die pessimistischen Ansichten in dessen Bewusstsein zum Vorschein. Sollte dieser übereinstimmende Erfolg auf zwei so heterogenen Gebieten uns etwa nicht zu erkennen geben, dass der Weltschmerz eben dahin tendirt den Materialismus zu bekämpfen, damit die freie schöpferische Thätigkeit nach Absicht im Menschen der thierischen Thätigkeit nach Zweck, nämlich dem Wohle und Wehe nach nur zu leben, nicht untergeordnet würde? Wir sehen, dass das Thier wie der Mensch beide im Leben für Lust und Schmerz empfänglich sind; bei der Pflanze finden wir blos so viel Analoges, dass sie unter freundlichern Verhältnissen ihrer Lebensbedingungen weit besser gedeiht, und sich schöner und kräftiger entfaltet. Allein viel näher steht uns das Thier, seine Empfindungen und seine Genüsse sind vermöge seiner Bedürfnisse schon manigfaltiger, und je höher die Thiergattung in der Stufenleiter der Naturschöpfung steht, desto manigfacher sind seine Genüsse, und eben so ausgebildeter die Empfänglichkeit für dieselben. Aber die Natur hat auch reichlich für die Befriedigung dieser Triebe der organischen Wesen gesorgt, und jedes Wesen ist für seinen Standpunkt auf dieser Stufenleiter mit jenen Organen versehen, die ihm die leichte Erlangung seines Unterhaltes ermöglichen. So bleibt das Thier bei vollem Lebensgenusse froh und heiter während der kurzen Spanne seines Daseins. Froh wirbelt die Lerche in die blaue Luft empor, und lässt weiterhin ihre Jubellieder erschallen. Der Spiegel des thierischen Glückes ist vom Schmerze nicht so sehr angehaucht. Ist auch manches Thier, welches der Mensch sich dienstbar gemacht, nicht so glücklich als die freie Gattung, so bietet ihm das Leben doch weit mehr Genüsse und Freuden als Schmerzen. Der Schmerz ist blos wie der Schatten im Gemälde, und bildet die Folie für seine Freuden; daher würde das Thier nimmer wie der Mensch bei ihm gelassener Wahl sich entschliessen, für sich einen Zustand zu wählen, wo er weder Triebe noch Befriedigung derselben hätte, noch weniger wie dieser zum Selbstmord greifen, da diese Zweckthätigkeit allein der Inhalt seines Lebens bildet. Auf dieser Stufe stand der Mensch in seinem paradiesischen Zustand, erst bis die Fa-

milie entstand, erkannte er den Tod. Das Thier, das keine Familie
hat, stirbt nur sich, der Sterbende aber ist nicht zu beklagen, die
zurückbleibende Familie blos fühlt den Schmerz bittern Verlustes
Der Mensch, als ein Wesen der Thätigkeit nach Absicht, arbeitet
zum Progresse hin, und die blosse Zweckthätigkeit kann ihn nicht
mehr genügen, füllt sein Wesen nicht aus; so tritt der Schmerz in
das Leben der Menschen ein. Dies zeigt sich schon bei der niedrigsten Cul
turstufe der Menschen; aber der Mensch auf dieser Stufe trägt die
Last des Lebens geduldig, und kann sich leicht mit seinem Schick-
sale noch versöhnen, je höher er aber sich erhebt, und sein Gesichtskreis sich erweitert, desto weniger ist er zu befriedigen יוסיף
דעת und alle irdischen Genüsse sind nicht im טכאוב יוסיף
Stande, den Schmerz einer nie zu stillenden Sehnsucht zu lindern. Aber
eben dieser beklagenswerthe Zustand ist es, der den Menschen dahin
treibt, sich einen neutralen Boden herbeizuwünschen, wo er gern
auf alle Genüsse verzichten, wenn er nur vom Schmerze befreit sein
möchte. Dieser neutrale Boden führt ihn aber, da er auf das Leben
dennoch nicht verzichten will, dahin, seiner wahren Wesenheit nach
zu leben, nämlich schöpferisch absichtlich thätig zu sein, nachdem Progresse hin zu wirken, und sich zu charakterisiren. Der
Schmerz wird ihm somit gleichsam zum Wächter, der einerseits ihn
vor feigem Rückfall warnt, nicht nach dem Wohl und Wehe hin allein sich bestimmen zu lassen, d. h. blos zweckthätig zu leben, und
sich somit zum Thiere zu degradiren und dennoch dessen Glückseligkeit
nicht zu erreichen; und anderseits ihn aufwärts treibt,
absichtlich thätig zu leben, und in diesen seinen moralischen Bestrebungen schon, sollten sie auch für ihn ohne Erfolg bleiben, ist doch
der Trost eingeschlossen, dass sie endlich für die künftigen Generationen die Mittel setzen werden, diese Erfolge herbeizuführen.

Vierter Abschnitt.

חקר קדושות

§. 1.

Einleitung.

Bekanntlich preiset Israel den Ewigen dreimal heilig קדוש קדוש קדוש ה' צבאות und zwar sprechen wir ihn, wie es uns unsere alten Theosophen in der Keduschahymne kundgegeben haben, einmal heilig dadurch, dass wir ausrufen: מלא כל הארץ כבודו Voll ist die Welt (die immerwährende räumliche und zeitliche Bestimmtheit) von seiner manifestirten Herrlichkeit. Das zweite Mal heilig damit, dass wir rufen: ברוך כבוד ה' ממקומו Gepriesen sei die Herrlichkeit Gottes von ihrem Standpunkte aus. Und das dritte Mal damit, dass wir ihn lobpreisen: ימלוך ה' לעולם ועד Adonai wird regieren für und für. Diese in ihrem Inhalte angegebenen drei Preisungen שלש קדושות der Gottesheiligkeit, gestatte mir lieber Leser, nach meiner Anschauungsweise aufzufassen, damit ich für meine philosophischen Ansichten israelitisch-religiöse Merkmale in denselben erlange.

§. 2.

Blos der Wahrheit, der Schönheit und der Freiheit darf der Name Idee beigelegt werden.

Der Ausdruck Idee, ist sowohl im gemeinen Leben, als auch in der Philosophie vielfach missbraucht worden. Die Einen wollen die besten und wahrsten Gedanken mit demselben bezeichnen, und die Anderen sagen: „Es sind nur Ideen", und wollen damit deren Unwahrheit ausdrücken. Dieser Gegensatz im erwähnten Ausdrucke schreibt sich wahrscheinlich noch vom Streite der platonischen und aristotelischen Schulen her. Was ich hiebei zu bemerken habe ist, dass eben um in dem Ausdrucke „Idee" die beiden erwähnten, sich

3

widersprechenden Auffassungen zu vermitteln, möchte ich vor Allem von diesem Ausdrucke jede Bedeutung von Thätigkeit ausgeschlossen wissen, so dass derselbe nur Thätigkeitsformen bezeichne. Und abweichend von Hegel werde ich demnach mich hüten, das L e b e n, das E r k e n n e n und das G u t e Ideen zu nennen, da diese sämmtlich Thätigkeiten bilden. Und zwar ist das Leben Thätigkeit nach Zweck, das Gute Thätigkeit nach Absicht in practischer, und das Erkennen in theoretischer Beziehung. Ich werde Ideen nur die Weisen, oder Formen heissen, denen gemäss die Thätigkeiten vor sich gehen, und die sind meines Erachtens keine andere, als: Wahrheit, Schönheit und Freiheit, die der Mensch sämmtlich der Natur ablernt, wie es sich aus den richtigen Definitionen dieser Begriffe, welche ich in den drei folgenden Paragraphen geben werde, klar und deutlich zeigen wird.

§. 3.

Definition der Freiheit.

Wie soll die Freiheit definirt werden? Kant stellt in den Antinomien dieselbe der Naturnothwendigkeit gegenüber, und begreift alle Nothwendigkeit nur als todt mechanische, als blind wirkendes Naturgesetz, welches fatalistisch Eines aus dem Andern bestimmt; Freiheit dagegen, als das schlechthin Willkürliche, losgerissen von diesem äusserlich gesetzlichen Zusammenhange, welches die Kette fatalistischer Wirkung durchbricht, und gleichsam auf eigne Hand zu schalten vermag. Ihm ist Freiheit die abstracte Möglichkeit des Entgegengesetzten, und er kommt über den Begriff der Willkür des schlechthin Bestimmungslosen, zufällig sich entscheidenden Aequilibrii nicht hinaus. Andere meinen, Freiheit ist das Handeln aus der ewigen Anlage des Menschen, aus der mit seinem Wesen zusammenfallenden innern Nothwendigkeit, אין לך בן חורין אלא מי שעוסק בתורה und setzen so zwei Nothwendigkeiten — eine äussere und eine innere — einander entgegen, von denen sie ohne Grund das Handeln der einen gemäss, N a t u r z w a n g, und das Handeln der andern gemäss, F r e i h e i t nennen, obschon es auch nur nach zwingender innerer Naturnothwendigkeit geschieht. Meines Erachtens ist die Freiheit nichts anders als eine Form, die der Mensch sich der Natur, nämlich aus den beiden Thätigkeiten, nämlich der als

solche und der nach Zweck aneignen möchte, dass eben wie die
Natur in den besagten zwei Weltthätigkeiten in ihrem gesetzlichen
Wirken nicht gestört werden kann, als nur vermöge ihrer eignen
Gesetze; so auch der Mensch in seinem Wirken nach absichtlicher
Thätigkeit keine Aenderung erleide, als vermöge der aus der eignen
absichtlichen Thätigkeit hervorgehenden Gesetze. Die Störung und
Aenderung der absichtlichen Thätigkeitsgesetze durch die äussere
Natur, durch die zwei unabsichtlichen Thätigkeiten, ist somit zwar
schon Unfreiheit, darum aber noch nicht böse zu nennen, weil
die Natur gleichsam eben auch geltend machen kann, dass sie gleichfalls blos ihren eigenen Gesetzen gemäss wirke, und in denselben
sich ändere. So aber die Thätigkeit nach Absicht in ihrer Gesetz-
lichkeit durch sich selbst, durch die hypostasirte und stagnirte absichtliche Thätigkeit gestört wird, wo schon ein Gott gegen den
Andern, der Ahriman gegen den Ormuz sich auflehnt, da wirkt die
absichtliche Thätigkeit lähmend gegen sich selbst gemäss der
Freiheitsform, und ihr Wirken ist das Böse. Wo aber das gesetzliche Wirken der absichtlichen Thätigkeit durch ihr eigenes gesetzliches
Wirken abgeändert wird, da handelt die endliche absichtliche Thätigkeit
gemäss der Freiheitsform, indem sie auf sich, durch sich nach dem
Progresse hin wirkt, und ihr Wirken ist das Gute. Nun kommt es
nur auf die Frage an, ob die Stagnirung der absichtlichen Thätigkeit,
die wohl frei ist — weil immerhin bei derselben die Thätigkeit nach
Absicht nur durch sich selbst sich ändert — nicht auch nothwendig
erfolgt? Worauf ich entschieden mit „Nein!" antworte, indem dieselbe nur der Täuschung entstammt, die Thätigkeit nach Zweck der
Thätigkeit nach Absicht überzuordnen, statt sie derselben unterzu-
ordnen. Täuschung aber ist sicherlich keine Nothwendigkeit, und
entspringt nur der Lässigkeit, der Trägheit, dem Mangel an Erziehung, dem Mangel des Vorwaltens der Thätigkeit nach Absicht.

§. 4.

Definition der Wahrheit.

Man hat gewöhnlich die Wahrheit als die Identität des Begriffes mit dem ihm correspondirenden Gegenstande definirt. Indem
man aber in das Object sich unmöglich hineinversetzen konnte, so
blieb hinter dem Erkennen eine Dingheit-an-sich zurück, derenthalben

die Wahrheit fürs Erkennen, als ein absolutes Jenseits betrachtet werden musste.

Allein es heisst dasjenige nur wahr, welches dem Bewusstsein als allgemein und gewiss ist. Die Erkentniss eines Gegenstandes ist allgemein und gewiss, nämlich wahr, wenn wir sehen, dass dieselbe mit dem Objecte übereinstimmt; wofern aber es noch in der möglichen Erfahrung nachgewiesen werden könnte, dass sie vom Objekte abweicht, so kann dieselbe nicht als die Erkenntniss dieses Objectes allgemein gelten. Mithin ist die Uibereinstimmung des Begriffes mit dem Objecte blos eine Bedingung, die Allgemeinheit und Gewissheit der Erkenntniss zu erfahren, was hingegen bereits im Bewusstsein als allgemein und gewiss gilt, kann wohl deshalb nicht umgestossen werden, weil man die völlige Uibereinstimmung des Begriffes mit dem Objekte unmöglich nachweisen kann. Wahr ist das, was als allgemein und gewiss gilt, so dass dasselbe gegen alles vom Objekte anders behauptete sich zur Wehr zu setzen vermag, um es zu widerlegen und sich zu wahren; es muss demnach durch etwas anders vom Objekte Nachzuweisendes angegriffen, und dadurch die Nichtübereinstimmung nachgewiesen werden. Eine allgemeine Erkenntniss aber, die in ihrem Grunde ihre Wahrheit hat, wie z. B. dass Fallen der Körper zur Erde, im Gesetze der Gravitation mit nichts Anderem, als mit einem Dinge an sich zu opponiren, von dem man unmöglich etwas aussagen kann, als vielleicht würde mit demselben die Erkenntniss nicht übereinstimmen; darauf ist nur zu erwiedern, dass es bei der Frage um die Wahrheit wohl um nichts Anderes sich handelt, als um die Uiberzeugungsstärke in unserm Bewusstsein. Wenn aber der Begriff als allgemein und gewiss dem Objekte entsprechend, unserem Bewusstsein derart sich erweist, dass es mit demselben im Stande ist, alles vom Objecte im Gegentheil Behauptete zu verscheuchen; so ist die Erkenntniss wohl gewahrt, und das Bewusstsein kann in der Uiberzeugung von derselben keineswegs durch so etwas erschüttert werden, welches wider sie nichts aussagt. Der Wahrheit opponiren, ohne gegen sie irgend etwas vorzubringen, als ein Vielleicht wäre das, was ich nicht weiss, nicht so; kommt meines Erachtens einem Opponiren Derjenigen gleich, welche ihr Ohr vor der Wahrheit verschliessen. Uiberdiess muss noch bemerkt werden, dass die Uibereinstimmung des Gedachten mit dem Gegenstande noch gar nicht ausreicht, eine Wahrheit zu erlangen, denn sie liefert blos eine richtige Wahrnehmung, nämlich eine

zu verlässige Erscheinung. So z. B. bildete das Fallen der Körper
zur Erde, bevor das Gesetz der Gravitation entdeckt wurde, für
das menschliche Bewusstsein, blos eine, durch alle ihm zu Gebote
stehenden Wahrnehmung:mittel, richtig wahrgenommene Erscheinung;
keineswegs aber noch eine Wahrheit, indem dasselbe seine Bewäh-
rung nur in der richtigen Wahrnehmung hatte, und es noch allgemein und
gewiss aus dem Begriffe Jes Körpers überhaupt, den man als Ausdehnung
definirt hat, nicht eingesehen ward. Erst nachdem es entdeckt wurde, dass
die Körper vermöge ihrer Grösse gegen einander gravitiren, dann wusste
man, dass auch bei den Antipoden die Körper zur Erde fallen, und dass
auch im Sirius die Körper zu ihm fallen, und dass eigentlich auch
die Erde nach einem ihr an Grösse überlegnen Himmelskörper fällt.
Die Wahrheit der Wahrnehmung der Erscheinung, dass die Körper
zur Erde fallen, ist uns nun nicht mehr erforderlich, ja dieselbe hatte
sich sogar als eine Unwahrheit herausgestellt, und statt derselben ist
das Gravitationsgesetz in seiner Allgemeinheit, dass der kleine Kör-
der nach dem grössern gravitire, getreten. Mithin was kümmert uns
nunmehr noch die Wahrnehmung, ob das wahrgenommene Zur- Erde-
fallen, dass doch bereits als Unwahrheit sich erwies, an sich oder
blos Erscheinung sei, da doch die Wahrheit des eigentlichen Fallens,
nämlich das Gravitationsgesetz, uns schon aus dem Begriffe des
Körpers überhaupt einleuchtet? Zwar würde man entgegnen:
Aber auch die Körper überhaupt werden ja nur wahrgenommen,
und die Frage geht nun dahin, ob sich dieselben mitsammt ihrem
Gravitationsgesetze an sich so verhalten? Aber es darf nicht
vergessen werden, dass eben das Gravitationsgesetz seine Wahrheit
nicht mehr in den sinnlich wahrgenommenen Volumnen X oder U,
sondern im Begriffe Körper überhaupt geschöpft hat, und dass inzwischen eben durch die Erkenntniss des Gravitationsgesetzes, auch
die Wahrheit der Wahrnehmung bezüglich der Körper sich völlig al-
terirt hat, dass nunmehr der Körper keinen mathematischen, der mit
Ausdehnung zu definiren ist, bildet; sondern, dass er vorzüglich als
ein physicalischer aufzufassen sei, der unter mathematischen Verhältnissen wirkt; und welche Bewandniss es dann mit den mathematischen Verhältnissen habe, ob man das im Körper geschaute
Gross und Klein als Wahrheit festhalten könne, und ob nicht vielmehr das Gross als Algemeines, und das Klein als Beschränktes
aufgefasst werden müsse, wird aus der Unermesslichkeit und unendli-
chen Theilbarkeit des Raumes sich ergeben. Mithin ergibt sich, dass

es dem menschlichen Bewusstsein bei der Frage um die Wahrheit
gar nicht zu thun sein konnte um die Richtigkeit der sinnlichen
Wahrnehmung, vielweniger wie der sinnliche Gegenstand an sich
draussen, das Verharrliche im Raume, sich verhalte, da sämmtliche
Wahrheiten der Wahrnehmung, wohin auch die Frage um das Ding
an sich fällt, ihm dann gar als Unwahrheiten sich ergeben;
sondern es handelt sich bei der Frage um die Wahrheit vorzüglich
darum, wie die beschränkte Wahrnehmung, als nach angeführtem
Beispiele das Zur-Erde-fallen aufzuheben, und dies ihr Wirken aus
einer allgemeineren Wahrnehmung, aus der des Körpers überhaupt,
ersichtlich gemacht wird. Es ist somit nur das gesetzmässige Erkennen, welches das Beschränkte aus der Allgemeinheit erkennt, das
Wahrheit gibt, und Wahrheit ist demnach nichts Anderes als Gewissheit, die durch die Allgemeinheit erlangt wird. Sie ist eine Form
nur, wobei auf den Inhalt, nämlich auf das Wirken d. h. ob es uns
gleichgültig, gut oder übel erscheint, gar nicht ankommt; so das
Beschränkte und Besondere aus dem Allgemeineren nur erkannt werden kann, bildet es schon formale Wahrheit. Die Erkenntnisse der
Naturdinge deren Realitätsinhalt der Speculation im Grunde gleichgültig bleibt, da er an sich betrachtet weder gut noch böse ist, bieten somit im Grunde für die Speculation kein anderes Interesse,
als eben dieses Formale der Wahrheit, namentlich zu sehen, wie in
den Naturerkenntnissen die besondere Bestimmung der Wahrnehmung
aus dem allgemeinen Gesetze sich ergibt, damit der Mensch auch
auf seinen eigenen Inhalt, den der Thätigkeit nach Absicht, diese
formale Wahrheit anwende, um nur solche bestimmte Thätigkeit
nach Absicht zu objectiviren, deren Gewissheit und Allgemeinheit
aus einer allgemeinern absichtlichen Thätigkeit, wie die eines Staats-
gesetzes, abzuleiten wäre.

§. 5.

Definition der Schönheit.

Nicht anders erging es der Schönheit, auch sie blieb bis heute
unzureichend definirt. Nach Kant beruhet das ästhetische Urtheil auf
dem Bewusstsein der bloss formalen Zweckmässigkeit im Spiele der
menschlichen Erkenntnisskräfte bei einer Vorstellung, und weil nicht
auf das Objekt der Vorstellung, sondern auf das Verhalten der Er-

kenntnisskräfte beim Empfange derselben, dieses Bewusstsein der Zweckmässigkeit sich bezieht, bleibt der Mensch im ästhetischen Urtheile ohne jedes Interesse für das Object, ob es gut oder nicht, nützlich oder schädlich sei. Allein auf das Warum, dass manche Gegenstände die Eikenntnisskräfte in zweckmässiges Spiel bringen, und manche nicht? bleibt Kant die Antwort schuldig. Auch wird das Schöne, wie die Poesie und die schönen Handlungen, dieser Definition nach, gar nicht begriffen. Und selbst die neueste Definition über das Schöne, welche Vischer lehrt, kann nicht befriedigen; denn seiner Meinung nach, wäre es die absolute Idee, wie sie aus der hegelischen Logik hervorgeht, die wiederum nach der dialectischen Methode sich zurückbiegt, und in Religion, als in Subject und Object getrennt, und im Guten, als im Uebergange, daher ist das Gute stets ein Soll, und im Schönen, als in reinem Ausdrucke der Idee als Subject-Object erscheint. Demgemäss wäre das Schöne die absolute Idee in der Form begränzter Erscheinung, ein sinnlich Einzelnes, das als reiner Ausdruck der Idee erscheint, so dass in dieser nichts wäre, was nicht sinnlich erschiene. und nichts sinnlich erscheint, was nicht Ausdruck der Idee wäre. Allein abgesehen davon, dass wir in unserer israelitischen Uiberzeugung gar nicht zugeben können, in äusserer begrenzter Erscheinung einen Ausdruck für die höchst absolute Idee uns zu denken, und in Israels Forschung es als conditio sine qua non gilt: לא תעשה לך פסל תמונת כל׳ —abgesehen davon, reicht diese Erklärungsweise zur Erklärung des Kunstschönen, keineswegs aber zu der des Naturschönen hin. Ich sehe daher mich veranlasst, die Schönheitsidee auf ganz andere Weise zu erklären.

§. 6

Fortsetzung-

Wie bereits erwähnt, dürfen wir nur das wahr nennen, was wir in seiner Allgemeinheit durchs gesetzmässige Erkennen absolutiren. So ich zum Exempel auf meinem Tische einen Gulden erblicke, darf ich ihn in Wahrheit noch nicht den meinigen nennen; erst dann, wenn ich weiss, dass ich ihn durch meine Arbeit erworben, oder dass ich ihn zum Geschenk erhalten habe, da bin ich rst in der Lage denselben wahr mein zu heissen. Mein Eigenthums-

recht auf diesen Gulden muss also erst aus dem Erwerbsgesetze des
Eigenthums erkannt werden; denn dadurch erst ist die Bestimmung,
die dem Gulden beigelegt wird, dass er mir gehört, in der Allgemeinheit des Mirgehörens überhaupt absolutirt, so dass wofern es bezwei-
felt wird, es auch gar kein Mirgehören geben kann, da das Gesetz des Erwerbes nur dasselbe herbeiführt. Es gibt aber auch Menschen,
welche den auf ihrem Tische gefundenen Gulden sich auch schon gerade
zueignen, indem sie behaupten: Ich weiss doch nicht, dass dieser Gulden
fremdes Eigenthum ist, mithin denke ich mir denselben als freies Gut,
und eigne nun ihn mir zu. Und dieser Gulden wird auch in der
That ihnen gehören, bis sie nicht, durch die Geltendmachung einer Eigenthumserkenntniss, von Seiten eines Andern, im Besitze
desselben gestört werden. In dieser Weise ist die Bestimmung, dass
der Gulden mein ist, noch problematisch, denn ich kann in der Ei-
genthumswahrheit desselben noch gestört werden. Insolange aber die
Störung nicht stattgefunden, wird selbst das Gericht mir diesen Gulden nicht streitig machen; denn das Gesetz des Erwerbens, die
Wahrheit des Eigenthums, wird zur Bestimmung dieses Guldens anticipirt. Wir haben demnach eine Art des Erkennens, worin die Allgemeinheit und Nothwendigkeit nicht erkannt ist, sondern bloss für
dasselbe anticipirt. So wurde auch z. B. das Fallen von oben nach
unten, durch die Uebereinstimmung des Gedachten mit der Erscheinung erkannt. und für diese Erkenntniss wurde die Allgemeinheit
und Gewissheit anticiprt, welche erst durch die Entdeckung von
Amerika gestört wurde. Auch eine anticipirte Wahrheit gilt dem
Menschen mit Recht für wahr, so lange er in derselben nicht gestört
wird. Der Unterschied zwischen der anticipirten Wahrheit und dem
gesetzmässigen Erkennen ist also, dass man in diesem frei ist,
während man in jener unfrei bleibt, da man in deren Uiberzeugung
noch gestört werden kann. Mithin bildet die Freiheit die Unter-
schiedsweise zwischen der Wahrheit und der anticipirten Wahrheit,
Indem es aber doch nur eine Weise der Wahrheit unter den drei
Ideen, als Formen der Thätigkeit, nämlich Wahrheit, Schönheit und
Freiheit gibt, so würde die anticipirte Wahrheit die Bedeutung der
Schönheitsidee bilden, wie es aus Folgendem erhellen wird.

§. 7.

Fortsetzung.

So jemand einem Armen ein Almosen gereicht hat, welches
dieser zu seiner Erhaltung verwendet, so ist die gedachte Hilfeleistung

gut; macht aber der Empfänger einen unwürdigen Gebrauch
davon, so wird die Handlung des Gebens keine eigentlich
gute bilden; jedoch wird sie schön genannt werden. Warum denn?
Wohl aus keinem andern Grunde, al. weil das Gute, welches in der
Absicht des Gebers lag, für die Handlung anticipirt wird. Desgleichen bildet die Treue, die unter einer Diebsbande herrscht, eine
schöne Handlung — wiewohl sie bestimmt nur eine schädliche Handlung ist—weil die Treue gewöhnlich eine gute Absicht voraussetzt,
die der Mensch beim Gewahren dieser Treue bei Dieben für dieselbe anticipirt. Und selbst die Elternliebe zu den Kindern, oder die
Vaterlandsliebe, warum werden diese von uns als schöne Handlungen angesehen, obgleich sie dem Gesetze der allgemeinen Nächstenliebe noch bei Weitem nicht entsprechen, und sogar demselben oft
widersprechen? Worin liegt der Grund also, diese eigentlich der
thierischen Natur noch angehörigen Triebe, doch schön zu heissen,
so nicht darin, dass wir für diese Empfindungen die Nächstenliebe
überhaupt schon anticipiren? dass für dies Gefühl, du bist ein Bein
von meinen Beinen מעצמי עצם העם זאת, wir schon die Erkenntniss, du
bist ein Wesen von meiner Wesenheit, welche die Gesetzeswahrheit
der Humanität abgibt, in Anspruch nehmen? Ja, warum legen wir
selbst den Handlungen, wie denjenigen eines Agamemnon, eines Jeph-
tah, oder den aber gläubischen Hingebungen der Galier, Schönheit bei,
obwohl wir sie im Grunde unseres Herzens tief verabscheuen, wenn
nicht deshalb, dass von uns schon die Opferwilligkeit, die man dem
moralischen Gesetze schuldet, für dieselben anticipirt wird? Und
werfen wir einen Blick auf die Poesie, so sehen wir, dass die Haupt-
rolle, in derselben die Metapher spielt, was gebe aber dieselbe Anders ab als den Ausdruck; der entweder eine Wesenheit, die ihre Wahrheit
der in einer überordneten Existenzsphäre hat, für ein Objekt der ihr untergeordneten oder umgekert, in Anspruch nimmt? Wenn dem Dichter die Fluren lachen, der Wald spricht, und der Schnee gemüthlich
ruht, werden da nicht Bestimmungen aus höheren Daseinssphären
antictpirt? Ebenso verursachen die Symmetrie und das Verhältniss
des goldnen Schnittes in der Architectur, das Metrum und die
Prosodie in der Poesie nur deshalb das Schöne, weil man beim Anblick derselben die innere systematische Ordnung des Denkens und
Handelns für dieselben anticipirt. Uiberdiess beruht das Schöne
der Poesie meines Erachtens nicht in dem Metrum und der Prosodie
allein, sondern die echte Grösse der Dichter wird vorzüglich dadurch

gekennzeichnet, dass man in ihren Poesien Wahrheiten implicite ausgedrückt antrifft, die der Philosoph und der Geschichtsforscher oft erst
viele Jahrhunderte nachher, durch anstrengende Sylogismen mühsam
gewinnen. Mithin bildet das Schöne der Poesie vorzüglich dies, dass
sie im Stadium der Anschauung und Wahrnehmung noch das schon
anticipirt, was im Stadium des Erkennens dann zur Gesetzeswahrheit
gelangt. Und eben dieselbe Bewandniss hat es auch, meiner Ansicht
nach, mit dem Naturschönen. Wir heissen nur deshalb die Blumen
und die Tauben schön, weil sie vermöge der Ideenassociation in unserem Innern höhere Wahrheiten wachrufen, so dass wir beim Anblick derselben im Fluge vergessen, was sie eigentlich sind, und für
sie die wachgerufenen Wahrheiten aus höherer Sphäre anticipiren.
Die Blumen in der schillerenden Farbenpracht sind uns Aurorens Boten, die tief im finsteren Strand des Orkus schmachtet; Boten, die
uns Kunde bringen, dass auf dem Entwickelungs- und Entfaltungs-
wege die gefangene Himmelstochter sich frei macht; mithin ist es
die Entwickelung und Entfaltung unseres eigenen Wesens zum Gei-
steslichte, die beim Anblick der Blumen anticipirt wird. Desgleichen
erfreut uns der Anblick der Taube, weil bei derselben in uns aus
der moralischen Region die Vorstellung der Unschuld rege wird, die
wir für dieselbe in Anspruch nehmen. Aber auch dies wage ich zu
behaupten, dass die Natur, welche im organischen Leben als Thätigkeit nach Zweck wirkt, indem sie in demselben nach einem Resultate hin wirkt, hierdurc schon es selber ist, welche die Thätigkeit
nach Absicht anticipirt, und somit die Schönheitsidee, nämlich die Wahrheit zu anticipiren, uns lehrt. Und darum schon,
weil eben in der Tha das organische Wirken kein absichtliches ist,
wird die Wissenschaf die stets an der Idee der formalen Wahrheit allein sich hält, und nach dem gesetzmässigen Erkennen nur
dringt, jede Teleologie selbst auch die, welche nur wissen
will, dass dem organischen Leben eine vorangegangene Absicht zu
Grunde liege, immer in Abred stellen; hingegen werden der Poet
und der Religiöse, welche die Wahrheit anticipiren, mit derselben
stets liebäugeln. Was aber noch entschiedener für die eben aufgestellte Behauptung zeugt ist das freie Kunstschöne in Sculptur und
Malerei. Bekanntlich wird bei demselben gefordert, dass man den
Erzeugnissen der natürlichen organischen Thätigkeit möglichst nach-
bilde, und zugleich, dass man was Auserleseneres noch, als die Naturmodelle es sind, hervorbringe. Wäre aber die Thätigkeit der Natur

in den Lebensorganismen wirklich eine nach vorherbedachtem Plane beabsichtigte, die dahin arbeitete, die Absicht ihres Wirkens erkennen zu geben, dann müsste man in der Kunst nur das Streben zur Nachahmung der Naturmodelle als Erzeugnisse der uns unendlich weit überlegnen absichtlichen Thätigkeit strenge einhalten. Oder möchte im Gegentheil das Wirken der Organismen, selbst als anticipirt die Thätigkeit nach Absicht nicht darstellen; so würde alsdann die menschliche Kunst, als absichtliche Thätigkeit, völlig von den Naturgestalten sich abwenden, und von eigener Absicht nur geleitet, ins Bizarre und Barocke sich ergehen. So geschah es auch wirklich in den ersten Perioden des Mittelalters, als man alles Natürliche, als niedriges Teufelswerk betrachtete, dass die menschliche Kunst nach diesem Abweg hin sich verirrte. Aber deshalb, dass die organischen Lebensgestaltungen in der Natur keine beabsichtigten sind, und dennoch für sich die Thätigkeit nach Absicht bereits anticipirt abgeben, hat die menschliche Kunst im Gestalten, den Gebilden der Natur derart nachzuspüren, um ihnen ihren Zauber abzugewinnen, und als freie beabsichtigte Schöpfung, hat die menschliche Kunst überdiess in ihren Bildern auch das noch errathend darzustellen, was die Natur geboten hätte, so ihr Wirken gleichfalls ein beabsichtetes gewesen wäre.

§. 8.

Fortsetzung.

Aus all dem Vorgebrachten geht zur Genüge hervor, dass dasjenige ein Schönheitsobjekt bildet, wofür leicht eine fremde Erkenntnisswahrheit in Anspruch genommen werden kann, und dass die Schönheitsidee die Form ist, vermittels welcher wir den Gegenstand bewusst oder unbewusst nur mittels der für ihn aus fremder Daseinssphäre beanspruchten Erkenntnisswahrheit betrachten. Nun aber bildet die L i e b e in Wahrheit noch das G u t e nicht, da die rein uninteressirte, schöpferisch absichtliche Thätigkeit, die das G u t e bildet, aus der Natur der Liebe gesetzmässig noch nicht erkannt werden kann, indem die Liebe, trotz ihrer Behauptung für den geliebten Gegenstand jedes Opfer ohne alles Interesse bringen zu können, dennoch hinterdrein G e g e n l i e b e fordert. Die Natur der Liebe ist somit der Art, dass sie das G u t e für sich bloss anticipirt, und wer sie bereits als das G u t e ansieht, sieht somit nur

vermöge der **Idee der Schönheit.** Desgleichen ist die Natur
der Religion nichts mehr, und nichts weniger, als **anticipirend.**
Der **gute Gott der Religion** thut **Alles** für den Menschen
aus purer Güte, und heischt hinterdrein doch, dass man ihm
Altäre errichte, und **Litaneien hersage.** Dieselbe
Bewandniss hat es auch in der **Religion,** mit dem **religiösen
Menschen Gott gegenüber.** Er übt die Werke der Fröm-
migkeit nur rein, um Gottes willen, und fordert hinterdrein, doch
die Vergeltung. Demnach erkennt man vermöge der Religion, weder
in Gott noch im Menschen das Gute in Wahrheit; sondern es wird
vermöge derselben für beide das Gute nur in Anspruch genommen.
Ebenso in thoretischer Hinsicht anticipirt die **Religion** für jede Weltbestimmung schon die *ultima Ratio* אין אדם נוקף אצבעו
מלמטה אא״כ מכריזין עליו מלמעלה Gott gibt **Regen,** Gott ver-
leihet **Sonnenschein,** ohne noch einzusehen, in welchem
Connex die extramundane Gottheit zum Weltmechanismus steht. Desgleichen beansprucht die Religion Sühnung und Vergebung für die
Sünden, und siehet von der wesentlichsten Natur der Sünde ab, das
sie Zerstörung mit sich bringt, vergl. מה תקנה יש לרשעים שאל לחכמה אמרה
חטאים תרדף רעה שאל לנבואה אמרה נפש החוטאת היא תמות Sämmtliche
Denkobjekte der Religion sind somit **anticipirte Wahrheiten,**
und fallen ins Reich der Idee der Schönheit. Die Geschichte, in
ihrer Modification der Religionen, hat somit auch einen gesetzlichen
Entwicklungslauf, nämlich denjenigen, nach welchem der religiöse
Inhalt näher und näher in seinem **Grunde,** als Schönheit, als anticipirte Wahrheit nur, sich erweiset. Und zwar begann der Uiber-
gangsproces zum Schönen zunächst durch das Schaugepränge der
Idolatrie, welche die Gottheit noch im Denken behielt, doch schon
versinnbildlichte; dann ging derselbe vor sich durch das dreisteres
Behaupten, dass Gott wirklich in die Erscheinung gekommen, und
nicht gedacht, sondern schaubarlich wahrgenommen worden sei, und
endlich bereits dadurch, dass gelehrt wurde, dass Gott inkarnirt unter den Menschen einhergewandelt, und in ihrer Mitte ass und trank,
litt und starb, um alle ihre begangenen, und zubegehenden Sünden
zu sühnen, und zwar nicht blos insofern sie seiner Heiligkeit nach-
eifern, um ihre Sünden durch sich selbst zu sühnen, sondern auch,
wenn sie selbst noch schmutzige Sünder bleiben, und nur durchs
Fürwahrhalten dieser seiner Hinopferung, diese für sich als Sühne in
Anspruch nehmen. So tief musste im Denken der Menschen die gött-

liche Wesenheit, die in sich die absolute Thätigkeit nach Absicht ist, zu der ephemeren Erscheinung heruntergezerrt werden, damit der Grund der Religion, als in der Schönheitsidee liegend, und in ihrem letzten Entwickelungsstadium ihr Lehrinhalt, als anticipirte Wahrheit, durch und durch bekundet werde. Diesen natürlichen Religionsübergang ins Schöne zu hindern, machten sich freilich die zwei grössten Lehrer der Religion, Moses und Zoroaster, zu ihrer Aufgabe, aber vergebens; denn wieder die Wesennatur kämpfen selbst die Götter vergebens. Die Religion musste ihren natürlichen Lauf vollenden, und mittels der christlichen Lehre völlig ins Schöne kommen, und die Anticipirung auf die höchste Spitze treiben, derart, dass selbst die höchstwesentlichste Bestimmung, die des Guten negirt wird, indem man auch dem Sünder das ihm fernbleibende Gute, durch alleinige Inanspruchnahme eines guten Exempels — für welches ferner erst die ewige, absichtlich reale Thätigkeit in Anspruch genommen werden muss— vindicirt, und dieses Alles darum, damit das Wesen der Religion auf das Eclatanteste, als die bloss anticipirende und anticipirte Wahrheit, derart bekundet würde, dass ihr Gegensatz zur Wissenschaft — welche ihrerseits seit Bacon in der Natursphäre, und seit Kant in der Sphäre des Geistes eben im Gegentheil auf Heftigste nur zu gesetzmässiger Erkenntniss, zu eigentlicher Idee der Wahrheit drängt--schon zur Reife gedeihe, indem durch dessen Gegensatz erst, wie ich's im Folgenden darthue, die Vermittlung herbeigeführt wird, das göttliche Wesen, in seiner für den Menschen tiefsten Bedeutung, als in Freiheit der Emanenz und Immanenz zugleich zu erfahren. Aber ich will nicht vorgreifen, darum werde ich zunächst von Zoroaster und Moses sprechen, die den Uibergang der Religion ins Schöne verhindern wollten.

§. 9.

Zoroaster sucht durch seine Lehre, das Aufgehen der Religion in der Schönheitsidee zu verhindern; indem er die Religion auf das Leben verweist.

Zoroaster, dessen Lehre den Zabäismus und die Idolatrie stürzte, lehrte Folgendes: Zeruane Akerene עתיק יומין erzeugte den Honover (den Logos, die Denkthätigkeit מימריה ד"ר), und dieser äusserte sich in zwei geistigen Wesen, das eine Ormuz (Licht der Wahrheit אור אמנא) und daszweite Ahriman (Licht des Glaubens, des Fürwahrhaltens, der anticipirten Wahrheit אור אמנה) genannt (vergl. חיה אחת יש ברקיע כשהוא יום אות אמת

וכשהוא כילה אות אמונה במצחה) Und es war als Ormuz im Lichte der Wahrheit zu schaffen begann, da beneidete ihn sein Bruder Ahriman Dem hier besagten Neide, indem Neid selber schon ein Laster ist, und folglich einem Geiste unzukömmlich (vergl. Röth der diesen Einwurf erhebt), kann wohl nur der Sinn gegeben werden, dass die anticipirte Wahrheit in ihrem entbrannten Lichtstreben, wie es bei religiösen Schwärmern und bei Dichtern wahrzunehmen ist, sich einbildete, so viel als die Wahrheit, als das in sich gesetzlich begründete Denken, zu gelten, und gab sich als die Wahrheit aus, und er verfiel nach und nach, indem er Aberglaube über Aberglaube als die Wahrheit geltend machte, bis er zum Dew (zum Fanatismus vergl. בעל דבביה herabsank, und seitdem widersetzte sich Ahriman all den Werken des Ormuz, um mittels seines werfenden Schattens dieselben zu verunglimpfen. Dieser Kampf zwischen Ormuz und Abriman wird zwölf Tausend Jahre andauern, und am Ende wird Ormuz, das Licht der Wahrheit, siegen, und wird dann auch seinen Bruder Abriman Stufe nach Stufe aufwärts erheben, und sie lobpreisen dann beide die Zeruane Akerene (nähmlich sowohl Wahrheit, als auch anticipirte Wahrheit geben dann beide, jede in ihrer Art, Zeugniss für das Absolute). Zoroaster gab somit zu verstehen, dass auch Abriman (die anticipirte Wahrheit, der Glaube) ein guter Geist wäre, bliebe er in seiner Wesenheit. Allein Abriman hat sich als die Wahrheit ausgegeben, und hat eben soviel als die Wahrheit selbst gelten wollen. Dadurch ist er gefallen, und diese Bewandniss hat es auch wirklich mit dem Glauben. Der natürliche unschuldige Glaube, wie er sich beim unschuldigen Naturmenschen kundgibt, dieses kindliche Vertrauen zu einem höhern Wesen, welches man beim schlichten Landvolke bemerkt, diese reine Inanspruchnahme des Guten, trägt wirklich den göttlichen Charakter an sich, denn sie spornt sowohl zur Thätigkeit an, die einzige Bestimmung, mit der wir uns die Gottheit positiv denken können, als auch zur Ergebung in die Nothwendigkeit. Allein die eigensinnigen Theologen, welche die anticipirte Wahrheit, trotzdem sie nur anticipirt ist, dennoch zu Dogmen gestalten, und sie als die Wahrheit ausposaunen, die sind es, welche den Fanatismus und die Heuchelei, die Lüge und die Bosheit herbeiführen. Am Ende, lehrte Zoroaster, wird aber doch die Wahrheit Ormuz Sieger bleiben, wo er dann auch den Ahriman zu seiner eigentlichen Wesenheit zurückbringt. Diese Wesenheit besteht darin zunächst als das Fürwahrhalten, bloss

anticipirend zu sein, um auf diesem Wege ins Reich des Ormuz zu
gelangen, nämlich zur Wahrheit, zur Erkenntniss aus dem Gesetze,
und zum Handeln nach Prinzipien, die im Principe des Guten, allgemeine Thätigkeit nach Absicht abzugeben, wurzeln. Denn wahrlich,
dadurch nur, dass man zunächst an den menschlichen Fortschritt
glaubt, wird derselbe dann ermöglichst, und ebenso ist es schlechthin nothwendig, an die Wahrheit früher zu glauben, um sie dann
zu finden. Aber selbst in dieser Sphäre noch, im Reich der Ge-
setzeserkenntniss und Wahrheit, wird Ahriman (die anticipirte
Wahrheit) sein Wesen nicht aufgeben, sondern dieses eben auch
geltend machend, zusammen mit Bruder Ormuz der Zeruane Akerene (dem Absoluten) ein lobpreisendes Duett singen, das über
dieselbe neues Licht verbreitet. In dieser Art und Weise strebte
Zoroaster, in Lebendigkeit die Religion zu erhalten, um sie in ihrem
Uibergang ins Schöne möglichst zu hindern, damit sie Thätigkeit
bleibe, und nicht wie das Schöne eine Form und Weise (Idee) nur
abgebe, nach der man nur contemplatif gläubig zu schauen braucht,
um schon das Heil zu erhalten (vergl. ‏כל האומר הקב״ה ותרן וכו׳‏). Zoroaster forderte, dass der Parse in der ursprünglich ahrimanischen
Wesenheit lebe, d. h. dass er in sich das Vertrauen finde, dass trotz
seiner Beschränktheit es ihm doch gelingen werde, seine Thätigkeit
in die Reihen des Ormuz zu bringen, um an den Kampf desselben
wider den Verfall des Ahriman theilzunehmen, während er unter
dem eigentlichen Mitwirken in den Reihen des Ormuz nur die sociale Thätigkeit des Parsen verstand. Die freie Thätigkeit nach Absicht
bildete für den Parsen das Gute nicht, denn wie sollte der Mensch,
ein schwaches Geschöpf, den Ahriman, einen gewaltigen und mächti-
gen Geist, besiegen? Ormuz allein ist es, der den Ahriman be-
siegt, aber sein absichtliches Wirken war für ihn ein Hinarbeiten
zum Zwecke, nämlich, in den Reihen des Ormuz zu kämpfen, auf
dass er den Ahriman besiege. Der Parse war sonach in der Religion
gänzlicher Solddiener, ‏כעבד המשמש את הרב ע״מ לקבל פרס‏, aber er lebte
in derselben in voller lebendiger Thätigkeit. Die Religionslehre hiess
dem Parsen Zendavesta, das Lebenswort; denn wahrlich unter der
Idee der Schönheit, unter welcher sämmtliche Religionen stehen,
stand die Religion des Zoroaster in der Categorie des Lebens, dessen
Begriff die Thätigkeit nach Zweck ist, und deshalb war dem Parsen
auch der Tod nur eine zeitweilig gelähmte Thätigkeit ‏נמסרין לרומה‏ um
dann wieder auf zuleben, und zu neuer Thätigkeit zu erstehen

Die Auferstehung der Hingeschiedenen תחית המתים ist eine von den Parsen in's Judenthum übergegangene Glaubensmeinung, wie es aus dem Verse ורבים מישני עפר יקצו אלה לחיי עולם ואלה לדראון עולם wo das Wort לדראון an den Derivand und Tschinoved der Parsen errinnert, genugsam zu ersehen ist.

§. 10.

Moses sucht das Aufgehen der Religion in der Schönheitsidee zu verhindern, indem er die Religion auf das Gute hinweist.

Einen andern Weg schlug Moses ein, um den natürlichen Uibergang der Religion ins Schöne zu hindern, indem er folgendes lehrte: Da meine Vorfahren אבות wiewohl sie wider die Weltbestimmungen nichts vermochten, dieselben dennoch mittels ihres Gedankenfluges sämmtlich aufgehoben haben, um die Machtvollkommenheit Gottes für diese Bestimmungen zu anticipiren, indem sie überzeugt für wahrhielten, dass es in der Gottesmacht liege, solche ins Nichts zurückkehren und neu entstehen zu lassen, denn diese Machtvollkommenheit legten sie doch der Gottheit bei, indem sie dieselbe שדי nannten, ein Name. der keine sonstige Deutung zulässt, als Macht aller Spendung und Beraubung (vergl. שדים und שודד שוד), mithin würde es doch bei Weitem angemessener sein, dass ich mit dem Tetragramaticon יהוה unsere Gottheit benenne, ein Name, welcher anzeigt. dass die Gottheit so sie spricht: „Es sei, so ist es, es werde, und es steht da, יהי, הוה und ich gewinne dadurch erstens: das Suspecte und Gehässige der Beraubung und Vernichtung, welches auf ein Böses Prinzip hinweist, aus dem Namen Gottes zu entfernen, indem ich mir Gott nur als schaffend denke. Zweitens: bekomme ich in Folge dieser Benennung Licht über die göttliche Leitung, dass jedes Ding nur in der Verfassung verharre, in der es von Gott geworden ist. So finden wir im Mechanismus der Welt, bloss die Thätigkeit als solche; im Pflanzen- und Thierleben aber sehen wir schon Thätigkeit nach Zweck, und endlich beim Menschen die Thätigkeit nach Absicht walten. Demgemäss habe der Mensch in derjenigen Constitution nur zu leben und das Heil zu suchen, in der er von Gott wurde, nämlich Thätigkeit nach Absicht abzugeben. Der Mensch darf sonach in dem blinden Mechanismus der Thätigkeit als solche, oder in dem unbewussten Leben der Pflanzen, und dem unabsichlichen der Thiere nicht aufgehen, und darin das Erhabene und Anzustrebende sich vorstellen, sondern in seiner eignen Verfassung, in der Thätigkeit nach Absicht nur, habe er das Gute zu erblicken, und gemäss dieser nur hat er sowol in Wahrheit, als auch vermöge der Inanspruchnahme die Gottheit über sich walten zu lassen. Wofern er aber die ihm eigenthümliche Verfassung, Thätigkeit nach Absicht abzugeben, der Thätigkeit als solcher, dem Mechanismus, oder der Zweckthätigkeit im vegetativen und animalischen Leben hinansetzt, so würde er sich unvermeidlich der Menschennatur entäussern, und aufhören, Thätigkeit nach Absicht zu bilden, und fällt dann nothwendig der blinden animalischen und vegetativen Natur anheim, wo er wohl von der Gottheit, die unveränderlich ist, keine andre E r h a l t u n g empfangen kann als diejenige des Verfassungsmodus, in den er getreten ist. Die göttliche Waltung bleibt sich immer gleich, und es ist nur der Mensch, der zu derselben die Stellung ändert, gemäss den Verfassungen, welche er verschiedentlich seiner Handlungsweise über sich walten lässt, nd welche verschiedene Erhaltungsweisen erfordern, und nothwendig mit sich bringen. Die göttliche Spendung ist sonach eine gesetzlich unabänderliche, und es ist nur an den Menschen sich gehörig ihrer zu bedienen. Ich darf, denkt Moses, also meinem geliebten Volke, dessen Befreiung ich mit meinem ganzem Leben anstrebe (und von dem ich übezeugt bin, dass es nur das werden wird, wozu es sich selbst macht, mit Recht sagen: אהיה אשר אהיה שלחני אליכם Der sich gleichbleibende Ewige sendet mich zu euch, der euch gegenüber spricht: „Ich bin, der ich bin (gleichbleibende Thätigkeit);" dagegen von dessen Güte in Bezug auf euch dürfet ihr euch überzeugt halten. Ich werde sein, was ich sein werde, nämlich, wie ihr diese über euch walten lässt. Mithin lebet nur betbätigend der Uiberzeugung, ihr seid keine Sclaven, werdet ihr auch freie Männer sein. Die essentielle Lehre Moses bildete keine andere als die eben gemachte Auseinandersetzung, und vermöge derselben ljess er über sich die Intelligenz, die wahre, in sich allgemein begründete Thätigkeit nach Absicht, walten, in welcher er das göttliche Gebot immanent erkannt hat. Demgemäss instituirte Moses ursprünglich auch wirklich ein demokratisches Parlament nur, welches einsichtig, mittels der absichtlichen Thätigkeit das göttliche Gebot dem Volke kundgeben soll. Moses betrat ursprünglich nicht den Weg der Schönheit, um dem Priester und dem Dichter gleich die Gottheit zu anticipiren, sondern Gott sprach ihn Angesicht zu Angesicht פנים אל פנים nämlich er begriff die Gottheit als die absolute Thätigkeit nach Ab-

4

sicht, und sah in dieser Thätigkeit, wie solche ihm nach seiner indi-
viduellen Begabung theilweise innewohnt, so sie verallgemeinert wird,
folgerichtig das göttliche Gebot. Ursprünglich betrachtete Moses das
Gute nur vermöge der Idee der formal en Wahrheit. Es war ihm daher
laut der ersten Verfassung Gott nur gesetzliche Nemesis (vergl.
אל קנא פקד עון אבות וגו' ועושה חסד וגו'). Von Versöhnung und Vergebung.
von göttlicher Gnade und Erbarmen, und von den dreizehn Eigenschaften überhaupt, die nur gemäss der Beschaffenheit des Menschen als
Bestimmungen seiner eignen Güte gedacht werden können, und somit
für dieselben die Gottheit nur anticipirt wird, war in
dieser Verfassung noch keine Rede. Erst von Ahron auf den unrei-
fen Zustand des Volkes aufmerksam gemacht, dass es nämlich unmöglich sei, dasselbe durch die Idee der Wahrhait allein zu leiten,
sah Moses sich genöthigt mehr der Schönheitsidee Rechnung zu tragen. Aber nach dieser Richtung hin Neuling, dachte er über die
Wege, die er einzuschlagen habe nach, wie weit er die Anticipirung
treiben dürfe (vergl. הודיעני נא את דרכך) ; da wurde ihm die Einsicht, nicht mehr wie bis nnn das Gute an sich nur von Antlitz zu
Antlitz פנים אל פנים zu fassen ; sondern vorzüglich darauf bedacht zu
sein, was rückwärtshin dem Menschen, seiner Form und Gestaltung
nach (vergl. הוה מקום אהי ונצבתי על הציר) nothwendig als Bestimmungen des Guten gelten, als z. B. die Gnade und das Erbarmen, die
Langmuth, die Verzeihung und Vergebung, um laut der Schönheitsidee die Gottheit für dieselben zu anticipiren. Und so entstanden
dem Mose die dreizehn anticipirten Wahrheiten, oder deutlicher
ausgedrückt, die dreizehn humanen Bestimmungen des Guten, שלש עשרה
für welche die Gottheit nur vermöge der Idee der Schönheit anticipirt wird, auf Grund deren er die zweite Verfassung entwarf, deren Institutionen, wie z. B. der Opferkultus, fast sämmtlich dahin
gehen, eben der Anticipirung gedachter Eigenschaften zu entsprechen.
Bisher und nicht weiter ging Moses in der Anticipirung vor, und
steht somit selbst mit der zweiten Verfassung gänzlich noch innerhalb der Categorie des Guten, indem er nur für das humane Gute
das An- sich- gute anticipirt ; ich bringe Opfer, bin opferfähig und
gnädig, und versetze mich sonach in den Zustand der Gnade, und
Opferfähigkeit, ebenso wie ich in die Erkenntniss komme, wenn ich
erkenne (vergl. וחנתי את אשר אחן ורחמתי את אשר ארחם אהיה אשר אהיה
nach der zweiten Bedeutung in Bezug auf uns. Die Anticipirung der
Gnade, d. h. deren Emanenz, ist hiemit nur die Reflexion und die

Gnade fällt thatsächlich in die Immanenz des Menschen zurück. Uiber die Unsterblichkeit ist bei Moses nichts erwähnt, für Unreales
Realität zu anticipiren, wusste Moses nicht; denn mit all den
verführerischen Reizen konnte die Schönheitsidee doch nicht
den unerbittlichen Wahrheitsmann über den Rubicon des Guten bringen. Moses sagt daher von einem Sein nach dem Tode nichts aus;
denn mit dem Tode hört der Mensch als absichtliche Thätigkeit
auf, wirkt weder in theoretischer (המתים אינם יודעים מאומה) noch
in practischer Beziehung לא המתים יהללויה und er fällt körperlich
theils ins Leben der Zweckthätigkeit und theils in den Mechanismus;
wogegen dessen geistiges Wirken mit der Länge der Zeit im Natio-
nalgeiste aufgeht.

Der Mensch kann somit individuell alsdann weder vor Menschen
noch vor Gott seinen Begriff als reale Thätigkeit nach Absicht darstellen, sondern höchstens eine schöne Weise (Muster) noch bilden,
die aber bloss eine Reflexion abgibt, welche nicht mehr innerhalb
des realen Guten ruhet. Der christlichen Religion allein, welche zur
Entsündigung des Menschen, und zu dessen Annährung an Gott keine Uibung des Guten erforderlich macht, und selbst über das Gute
hinaus, die Lebensweise Jesu nur, für sich anticipirt, wodurch sie
schon rein als Religion, von gesetzmässiger Erkenntniss gänzlich geschieden, sich zeigt, und die Wahrheitsidee selbst nicht mehr tangi-
rend, bereits als völlig in der Schönheitsidee stehend sich erweist;
ihr erst war es vorbehalten, jedem ihrer Gläubigen ohne Unterschied
die Unsterblichkeit zu sichern.

§. 11.

Die christliche Religion steht schon ganz auf dem Boden der Schönheitsidee.

Selbst von allen sonstigen Vernunftgründen abgesehen, kann
ein israelitischer Forscher den Behauptungen der christlichen Lehre
darum schon keinen Glauben beimessen, weil er in denselben eben
nur die zu jener Zeit im Judenthume herrschend gewesenen Gedanken einer theosophischen Lehre, die man auf Geschehnisse übertragen
hat, deutlich erkennt. Nichtsdestoweniger muss jeder israelitische
Theologe die Frage sich aufwerfen: Welcher Fortschritt zur Gotteserkenntniss durch die christliche Lehre herbeigeführt worden sei?

Maimonides schon fühlte sich bemüssigt, über die christliche Lehre
sich zu äussern, dass sie den Weg für den Messias anbahne, um
wie viel mehr müssen wir, da wir an keinen persönlichen Messias
glauben, und überdiess den menschlichen Fortschritt in Recht und
Wissenschaft, in Poesie und Kunst, den Griechen, den Römern, den
Arabern und den Juden viel eher als dem Christenthume, als solchem,
vindiciren, uns einmal klar werden, womit diese Lehre speciell die
Gotteserkenntniss fördert. Zur Beantwortung dieser Frage sehe ich
demnach mich veranlasst, selbst auf die Gefahr hin, von den Rabbinen
missverstanden zu werden, folgende theosophische Ansicht zu äussern:
Während es die Lehre des Judenthums ist, welche die erste Keduscha, מלא כל הארץ כבודו „Voll ist die Welt von Seiner Herrlichkeit", dem Ewigen anstimmt, und vermöge derselben der Israelite
vorzüglich immanent des Absoluten sich bewusst wird; so ist es die
christliche Lehre die den Ewigen mittels der zweiten Keduscha
ברוך כבוד ה' ממקומו verherrlicht „Gepriesen sei die göttliche Majestät
aus ihrem Standpunkte", und gemäss derselben wird sich der Christ
des Absoluten vorzugsweise emanent bewusst. Ist es doch
diese Lehre, in der ihr Heiland sprach: „Mein Reich ist nicht von
dieser Welt". Diese Lehre fasst also die Religion blos als Verhältniss zwischen Mensch und Himmel auf, und scheidet sie völlig vom
Staate und dem socialen Leben des Menschen, und will mit
derselben nichts anders erzielen, als dass der Mensch, der
im Körper gefangene Geist, von seiner Erbärmlichkeit hinie-
den, vom trüben Thale dieser Welt, den Blick abwende,
um gläubig und vertrauensvoll in Schutz und Schirm des
überweltlichen Herrn sich zu stellen, und dessen Gnade für sich
in Anspruch zu nehmen. Ja diese Lehre bekümmert sich
selbst um das Gute und Böse hienieden nicht, und öffnet auch dem
bösen Menschen die Himmelspforten, so er nur gläubig anpocht. Es
ist also vorzüglich das extramundane Moment, oder begrifflicher
ausgedrückt, mehr die emanente Gottesnatur, die dem religiösen
Bewusstsein durch die christliche Lehre sich aufdrängt. Man darf
mich aber keineswegs missverstehen, als wollte ich etwa hiemit sagen,
dass das Judenthum Gott nicht als extramundan, nämlich emanent
sich denkt; sondern man möge wissen, dass es mir mit gedachter
Behauptung um die Natur der Freiheit bei den Gläubigen zu thun
ist, die anders bei der emanenten Perspective, und anders bei der
immanenten beschaffen ist, wie wir diess nachstehend näher ausfüh-
ren werden. Somit bezieht sich die gemachte Unterscheidung von

Emanenz und Immanenz nicht auf die theoretische Ansicht über Gott, sondern auf das thatsächliche Gottesbewusstwerden in dem von der Religion zwischen Gott und Mensch unterhaltenen Verkehre. Im Judenthume geht die Emanenz in Immanenz zurück; der Israelite sucht der Gottheit sich anzunähern, und er wird von derselben zur Uibung des Guten und zur Erfüllung der göttlichen Gesetze beschieden, nämlich über sich thatsächlich die Gottesnatur zu bringen, er absolutirt somit, ebenso wie der Naturforscher das Gesetz in den Bestimmungen und die Bestimmungen im Gesetze, die Gottheit im Guten und das Gute in Gott, gemäss der Idee der Wahrheit immanent. Dagegen braucht der Christ sich blos an der Vortrefflichkeit Christi zu weiden, um schon über sich die göttliche Gnade ausgeströmt zu erhalten. Die emanente Gottesnatur bekundet sich demnach vorzüglich durch die christliche Lehre. Die Inanspruchnahme, das Anticipiren, ist aber hiemit in dieser Lehre schon auf das Aeusserste getrieben, und es gibt keine Bestimmung mehr für dieselbe, welche dem Gesetze gemäss sich erklärt; der christlichen Lehre gemäss ist der Sterbliche unsterblich, dem Bösen wird heil, was nach der Idee der formalen Wahrheit nicht zu begründen ist. Dennoch haben diese Glaubenssätze ihre Begründung vermöge der Schönheitsidee, nach welcher der Mensch über die Wahrheit der Bestimmung hinwegschreitet, um für dieselbe eine Wahrheit aus höherer Sphäre in Anspruch zu nehmen. Demzufolge erhalten wir schon einen erweiterten Gesichtskreis, und brauchen nicht mehr aus dem Standpunkte der Religionen zu sprechen, sondern wir können die These allgemeinhin aufstellen, dass vermöge der Idee der formalen Wahrheit, wahrnehmend und wahr sich gebend, in jeder Bestimmtheit immanent Absolutes dargethan wird; hingegen wird vermöge der Idee der Schönheit über die Weltbestimmungen hinweggeschritten, um das Absolute emanirend für dieselben zu anticipiren.

§. 12.

Aus der Idee der Wahrheit und der Schönheit entwickeln sich zwei Moden der Freiheit, welche beide gleich berechtigt unsere Folgeleistung erheischen, wodurch der Gottesbegriff in seiner höchsten Bedeutung sich unserm Bewusstsein aufdrängt.

Nun fragt es sich, was treibt uns denn an, der Schönheitsidee Folge zu geben, und über sämmtliche Weltbestimmtheiten hinweg-

zuschreiten, um das Absolute extramundan, oder besser emanent,
uns zu erträumen? Warum geben wir die Annahme des emanenten
Absoluten nicht geradehin auf, da sie doch nur Täuschung ist? Die
zwingende formale Wahrheitsidee drängt doch zu dieser Annahme
nicht, da die Macht der formalen Wahrheit nur in der mundanen Bestimmtheit sich bewährt, nämlich immanent der Bestimmtheit Absolutes vermöge des Gesetzes darzuthun? Und selbst schon die
formale Wahrheit, angewendet auf die Thätigkeit nach Absicht, wo-
sie mittels der Moral die bestimmte Maxime im Gesetze des Guten
derart wahr und absolut macht, dass der Schein von immundan und
extramundan schon schwindet, so wird ja durch dieselbe immerhin nur
immanent der Bestimmtheit absolutirt, was zwingt uns also, zur Annahme eines emanenten Absoluten? Darauf will ich mit
einem Worte erwiedern: Die Freiheit, sie ist es, welche bei
der Schönheitsidee, bei der anticipirten Wahrheit, sich in ganz anderer
Weise kund gibt, als bei der formalen Wahrheitsidee. Während der
Wahrheitsidee nach die Freiheit, wie bereits §. 3 definirt, darin besteht, dass die Thätigkeit nach Absicht nicht geändert wird,
als vermöge ihrer eigenen Bestimmung; so kann dies vermöge der
Schönheitsidee, als anticipirende und anticipirte Wahrheit, unmöglich als Freiheit schon betrachtet werden, wie es sich aus folgendem
erweist. Bekanntlich stellt das talmudische Recht folgende zwei
Rechtsurtheile auf: תלויה ויהיב לאומתנה, תלויה וחבין זביניהזביני So jemand mittels Waffengewalt Einen zwingt, etwas zu verkaufen, so ist der
Kauf gültig. So aber Jemand einen Anderen unter Todesandrohung
zu geben zwingt, ist die Gabe nicht als solche zu betrachten. Der Grund
des Unterschiedes dieser Urtheile ist, weil das erzwungene
Geben, als ein Uibernehmen nur betrachtet wird, wobei die Persönlichkeit des Gebers rein passiv bleibt; dagegen wird der Verkauf,
obwohl durch Zwang herbeigeführt, an sich als freier Act der
Selbstbestimmung, zu dem die Person sich entschlossen, aufgefasst.
אנב אונסיה גמר ומקני (ב״ב מ״ח) Indessen wird so Mancher dieses
Urtheil bestreiten, und den Kauf als keinen gültigen ansehen wollen,
indem er für den Act — um ihn als keinen freien zu erklären —
den Umstand der Force majeur in Anspruch nehmen wird.
Nun werden aber viele und viele Selbstbestimmungen der endlichen
Thätigkeit nach Absicht im Menschen in Folge von Attentaten auf
das Leben herbeigeführt, und sie können somit sämmtlich vermöge
der Schönheitsidee als anticipirende Wahrheit unmöglich als freie

Handlungen angesehen werden. Es ergibt sich demnach, dass vermöge der Schönheitsidee nothwendig nur ein Wirken der Thätigkeit nach Absicht in der Uiberhobenheit der Nöthigung zur Bestimmung allein als freies gelte; denn sonst würde der Umstand der Nöthigung schon hinreichen, um in Anspruch genommen zu werden, jede Handlung als unfreie zu erklären, und es gebe überhaupt keine Freiheit mehr. Also muss vermöge der Idee der Schönheit die Freiheit, als freie Bestimmung in Uiberhobenheit der Nöthigung sich zu bestimmen, gedacht werden. Nun ist Bestimmendes ohne im Bestimmten nothwendig Geäussertes eben das Gegentheil von Immanenz. Ferner führt discursives Denken nöthigendes Bestimmen mit sich, es darf sonach vermöge der Schönheitsidee die Thätigkeit nach Absicht, soll sie eine freie abgeben, weder eine discursive, noch immanente, sondern eine intuitive und emanirende sein, wie es eben auch in der That sich zeigt, dass dem Schönen nur Discursivität und Mangel an Emanität Hindernisse sind, unter denen dasselbe leidet. Dem Künstler, dem Dichter ist ein intuitives Ideal erforderlich, er leidet aber oft an Discursivität, und besitzt er schon das erforderliche Ideal, stemmt sich der Stoff ihm entgegen, und er leidet, dass nicht der Stoff mit der Form sich mit emanirt. Die Freiheit also, die man aber dennoch beim Schönen wahrnimmt, und die eben in der Bemeisterung des Stoffes liegt, nämlich demselben das intuitive Ideal einzuhauchen, und die eben auch beim religiösen Schwärmer, und selbst auch bei einem Lottospieler, wie er in der Vorspiegelung beseligt einhergeht, und Pläne schmiedet, schon zu bemerken ist, mit einem Worte, diese eigentliche Art der Freiheit, welche das Schöne gewährt, diese zwingt die vollkommenste Thätigkeit nach Absicht extramundan, nämlich intuitiv und emanent zu denken, oder im religiösen Terminus ausgedrückt, die zweite Keduscha anzustimmen: „Gepriesen sei die Gottesmajestät von ihrem Standpunkte aus!“

§. 13.

Fortsetzung.

Anderseits aber muss es doch constatirt werden, dass den zwei andern Weltthätigkeiten gleich, welche bestimmte bestimmende sind, ebenso auch unsere Thätigkeit nach Absicht eine endliche, begrenzte und discursive nur ist, und deshalb kann die Art der

ungestörten Selbstigkeit, oder adäquater ausgedrückt, die Freiheit
der Autonomie wirklich nicht anders, als eben nur mittels der
Idee der formalen Wahrheit erreicht werden, die in der Bestimmtheit
immanent schon Absolutes vermöge des Gesetzes erblickt. In der
Idee der Schönheit, in der anticipirten Wahrheit, ist man nicht autonom; wider denjenigen, der für den gefundenen Gulden z. B. das
Eigenthum in Anspruch nimmt, kann der wirkliche Eigenthümer
desselben noch den Beweis führen. Dem Künstler tritt der Stoff,
dem dichterischen Ideal die nüchterne Wirklichkeit, dem religiösen
Schwärmer die sinnliche Lust, dem Lottospieler das harte Geschick
entgegen. Autonome sind nur der Forscher, der Richter, der Mann
der That, die auf die Bestimmtheit einsehen, um immanent derselben Absolutes zu erkennen vermöge des Gesetzes, welches durch
diese Bestimmtheit zum Ausdrucke gelangt. Autonome Freiheit ist
sonach nur erlangbar auf dem Wege der formalen Wahrheitsidee allein. nach welcher das Gesetz immanent der Bestimmtheit absolutirt
wird, und diese somit Absolutes gemäss dem Gesetze hat. Damit
der Mensch, als discursive Thätigkeit nach Absicht, autonom
frei sich wisse, muss er in die Tiefe der Bestimmungen der Natur
dringen, um zu sehen, wie ihre Thätigkeiten Gesetzen gemäss sich
vollziehen, welche eben nur aus ihnen als Gesetze, als allgemein und
gewiss sich erweisen und wie diese Thätigkeiten nicht anders gestört werden, als vermöge ihrer eigenen Gesetze, welche sie selbst bewahrheiten, um eben diese erlangte formale Wahrheit auf die allein inhaltliche, auf die eigene Thätigkeit nach Absicht, anzuwenden, und derselben ebenfalls nur ein derartiges Walten zu geben, dass sie nach
Gesetzen sich vollziehe, die als allgemeine und gewisse immanent
eigener absichtlichen Thätigkeit bewahrheitet werden. Allein diese
Uibertragung der formalen Wahrheit, nämlich die Allgemeinheit und
Gewissheit, auf die Thätigkeit nach Absicht, welche das Wesen der
Moral ausmacht, stellt zwar diese dem Menschen eigenthümliche
Thätigkeit nach Absicht in gleichen Rang mit den Naturthätigkeiten, immerhin bleibt es noch zu erweisen, ob der absichtlichen Thätigkeit
wirklich der Vorzug beizulegen sei, dass sie das allein inhaltliche
Wahre ist? Allein wir sehen, dass die Thätigkeit nach Absicht, so sie
mit der formalen Wahrheit versehen ist, nämlich nach allgemeinen
Gesetzen geübt wird, im Vergleiche mit den andern zwei Thätigkeiten die meistreale ist, und somit ist sie es, welche das anzustrebende Gute abgibt. Aber für diese über unsere Vernunftthätigkeit

ausgesagte Bestimmung, dass dieselbe das Meistreale und das anzustrebende Gute ist, kommt es an, ob sie eben eine wahre sei,
vielleicht ist sie nur Anschauung, Wahrnehmung, keineswegs aber noch
gesetzmässige Erkenntniss und unsere Vernunft nur im Vergleiche zu den
zwei andern Weltthätigkerten, meist real, und es gebricht uns so immerhin in Bezug auf unseren Inhalt, ihn als das Meistreale und anzustrebende Gute anzusehen, an Berechtigung an autonomer Freiheit. In
der That beabsichtigen wir aber dennoch autonom frei zu sein, und
das mit vollem Rechte, in dem selbst die uns subalternen Thätigkeiten schon autonomisch frei sind, da sie nur vermöge der Gesetze,
die sie in sich bewahrheiten, gestört werden können. Wir gehen somit auf unsere Bestimmtheit ein, zu sehen, dass i m m a n e n t unseres bestimmten Inhaltes, innerhalb unserer endlichen absichtlichen
Thätigkeit sich doch eine Thätigkeit producirt, welche weit realer
und anzustrebender ist als die zwei andern Weltthätigkeiten es
sind, und somit absolutirt sie ihre Thätigkeit als die Meistreale,
und ist daher ebenfalls Ausdruck der meistrealen Thätigkeit, die in ihr
zum Ausdrucke gelangt ist, und sie hat somit trotz ihrer End-
lichkeit und Beschränktheit Absolutreales, da in ihr die
a b s o l u t r e a l e Thätigkeit, die überhaupt gedacht werden kann,
ausgedrückt ist. Gott, die meistreale Thätigkeit, findet in unserer
absichtlichen Thätigkeit den Ausdruck seines realen Inhaltes, und
wir haben absolutrealen Inhalt an Gott, da wir den absolutrealen
Inhalt desselben ausdrücken. Es zwingt also zu dieser Erkenntniss
Gottes in uns einzig und allein die Autonomie der Vernunft, damit
wir uns in Wahrheit in derselben autonom frei wissen, was dadurch nur erreicht werden kann, dass wir die in uns waltende
Thätigkeit nach Absicht, als absolutreale vermöge Gottes erkennen,
der in ihr den Ausdruck hat. Die autonome Freiheit spornt uns
also an, Gott immanent der Bestimmtheit ausgedrückt, und zwar
in der Natur formal, und im Menschen inhaltlich zu erkennen, um
ihn mit dem Lobspruche der ersten Keduscha כבודו הארץ כל מלא
„dessen Majestät erfüllt die Bestimmtheit", zu preisen.

§. 14.

Fortsetzung.

Aber in dieser Form ist der Beweis nur subjectiv geführt,
und über die Gottheit ist nichts ausgesagt, als dass sie ein nöthi-

ges Postulat zu unserer autonomen Freiheit ist. Die bestimmten Thätigkeiten der Welt haben Absolutes vermöge der Gesetze, nach denen sie sich vollziehen, und sind somit formal Ausdrücke des Absoluten, aber wo ist ihr realer Grund? In Gott wohl nicht, da sie eben nur blind wirken, nämlich ihr Wirken ist in sich von keiner Absicht begleitet. Etwa in der Materie? Dieser Gottseibeiuns steckt ja der Gottheit eine Grenze. Ist vielleicht dieses blinde Wirken in die Gottesrealität zu versetzen? Irrthum des Spinoza! Wir stimmen daher die dritte Keduscha an: ה' ימלוך לעולם ועד „Adonaj regiert in Freiheit für und für", und preisen die Gottheit in doppelter Freiheit, nicht vermöge der autonomen nur, welche uns die Idee der formalen Wahrheit verleiht, und das Absolute der Bestimmtheit nur immanent zeigt, sondern auch vermöge der des Bestimmens in Uiberhobenheit der Nöthigung zum Bestimmen, welcher wir uns durch die Schönheitsidee bewusst werden, die auch auf das Absolute in der E-manenz uns hinweist. Vorzüglich zeigt uns das Kunstschöne deutlich die Prävalenz der absichtlichen Thätigkeit über die beiden Thätigkeiten, da jene selbst in ihrer Beschränktheit schon auf diese ema-nirt und sie bezwingt; der Künstler beseelt selbst den todten Stein und macht ihn zum Träger einer Idee. Somit erweist sich schon ob-jectiv die absichtliche Thätigkeit als das Meistreal- Emanente, und bewahrheitet also, als Ausdruck des Absolut- Meistrealen, ihres Gesetzes, die Emanenz des Meistrealen in der Absolutheit. Die Gottheit wird somit von uns immanent und emanent der Welt zugleich gedacht, הקב״ה מקומו של עולם ואין העולם מקומו auf dass sie uns einen Erklärungsgrund für alles Reale abgebe, und zwar wie wir bereits im Cheker Geburoth kundgegeben haben, ist Gott die absolute Thätigkeit nach Absicht, welche sich in unend-lichen Absichten in der Einheit zugleich bestimmt, und indem Gott sich in dieser seiner Wesenheit als Thätigkeit nach Absicht weiss, so geht nothwendig die logische Abstraction der Thätigkeit als sol-che hervor, da der Begriff Thätigkeit nach Absicht, die lo-logisch Abstraction, Thätigkeit als solche, aus sich emanirt. Und ebenso geht auch die Thätigkeit nach Zweck hervor, da die Bethä-tigung nach einem Resultate hin, ebenfalls eine logische Projectur der Thätigkeit nach Absicht ist. Gott ist somit extramundan oder besser ausgedrückt emanent, אין העולם מקומו indem dessen Wesenheit hiedurch noch nicht geoffenbart ist, das Sichbestimmen des Schöpfers vermöge dieser Thätigkeiten ist nicht wesentlich, d. i.

ohne Nöthigung sich wesentlich zu bestimmen; Umstand, Position, ist bei diesen Thätigkeiten für die Realität noch erforderlich, sonst gibt es keine Activität. Es weiss sich aber Gott auch als absolute Thätigkeit nach Absicht, nämlich in der Freiheit der Autonomie, und es muss auch nothwendig eine logische Abstraction der Thätigkeit nach Absicht, als unabsolute und beschränkte geben, die das Wesen der Menschheit ist. Gott ist somit der Welt immanent, indem dessen Wesenheit, die Thätigkeit nach Absicht, in der Bestimmtheit, nämlich in Discursivität im Menschen waltet, und indem der Mensch dieses sein Wesen frei autonom vermöge der Gottheit absolutirt, so wird sein Wesen, der Beschränktheit ungeachtet, ein Ausdruck des Absolut-Realen, nämlich Gottes, und hat Absolut-Reales an demselben.

—

Schliesslich möge man nur erfassen, welch ein neues anzustrebendes Gut aus der Gotteserkenntniss in der gegebenen Form und Weise für die Menschheit sich ergibt, und man wird die Einsicht gewinnen, dass die Idee, welche im ersten Abschnitte, als die von Moses ursprünglich angestrebte sich erwies. nämlich die Theocratie, repräsentirt durch ein demokratisches Parlament es ist, auf welche auch nun die aus den Ideen erhaltene Erkenntniss leitet. Die menschliche Thätigkeit nach Absicht, oder die Vernunft, damit ihr Gotteserkenntniss in Wahrheit werde,muss autonom d. i. streng frei sein, denn dadurch nur vermag sie, trotz ihrer Beschränktheit, ihre Wesenheit, als das anzustrebende Meistreale, in Allgemeinheit und Gewissheit vermöge ihres Gesetzes in Gott zu erkennen, wodurch zugleich immanent in ihr Gesetz, Gott, bewahrheitet wird. Wofern aber, selbt auch innerhalb ihrer Beschränktheit, ihr die Autonomie bestritten wird, so muss doch angenommen werden, dass sie nicht befugt ist, selbst in dem, was sie betrifft, als die producirende eines Meistrealen sich zu erachten, und sie bewahrheitet überhaupt als ihr Gesetz keinen Gott mehr. Die Vernunft ist somit völlig autonom, und der Staatsgesellschaft, die sie repräsentirt, darf demgemäss. weder in formaler Beziehung, noch in ihrer Beziehung zu Gott, die Befugniss bestritten werden, ihr eigener Gesetzgeber zu sein. Allein es bildet der Mensch nicht Thätigkeit nach Absicht schlechterdings; sondern in ihm walten auch die zwei subalternen Thätigkeiten vor, denen Gott wirklich nicht immanent, sondern für sie emanent exi-

III. Cheker Keduschoth.

Einleitung.